JN294531

Tell the Story

伝えるしごと

タヒチアンノニを選んだ理由

ノンフィクション作家
加藤 鉱

ビジネス社

タヒチアンノニ社とは

フレンチポリネシア（タヒチ）の人々に伝承されてきた植物ノニ（学術名モリンダシトリフォリア）の果実は現地の人々の健康に貢献してきた。そこに着目し、独自に開発したタヒチアンノニジュースを製品化し、販売しているのがタヒチアンノニ社だ。全世界30カ国、約50万人（一般消費者を含む）がノニビジネスに関係している。現在ではジュースのみならず、ノニ果汁や葉を使用したゼリーやスキンケア、サプリメントなど48点の製品を展開している（２０１０年12月日本での販売）。

同社の経営理念は、

「タヒチアンノニ製品には自然の力があふれています。
この優れた力によって私たちの人生は変わりました。
私たちの使命は、そのストーリーを伝えることにより
地球上のすべてのものに恵みをもたらすことです」

はじめに

ネットワークビジネスについて、みなさんはどんなイメージを持っているだろうか。悪徳マルチ商法、一攫千金《いっかく》、友達を失くす仕事。そんな言葉を想起される人が多いかもしれない。実際にネットワークビジネスに参加して、高価な製品を買わされて被害に遭ったり、勧誘をめぐりそれまでの友人関係が壊れてしまった人ならば、なおさら悪いイメージを抱いているにちがいない。

ネットワークビジネスの販売システムは実にうまくできている。それゆえ製品は二の次で、販売システムだけを利用してぼろ儲けを狙う輩《やから》があとを絶たない。

だが、真に世の中から抹殺されるべき対象であるならば、なぜいまでも生き残っているのだろうか。

製品を売るのではなく伝える。ネットワークビジネス本来の姿をかたくなに守りとおしている、ヘルシーな企業が少なからず存在するからだ。

優れた製品でなければ口コミのネットワークには乗らない。心の底から相手を思うと勧められなくなってしまう製品が多いなか、ネットワークビジネスの底流にある〝口コミのネットワーク〟という考え方は際立って価値あるものだと思う。

あまたあるネットワークビジネス企業のなかで本書で俎上にあげたタヒチアンノニ社は、実はヘルシーなネットワークビジネス企業のベンチマークになろうとしている。

また今回は働きかたというテーマも重ね合わせてみた。

長期化するデフレ経済下、就業環境は悪化の一途をたどっている。人材会社では三五歳以上の登録者はシルバー扱いである。

それでも生きていかねばならないなかで、ネットワークビジネスに身を投じるといった選択肢もありではないか。だが、それにはそれなりの条件があるはずだ。そんなまなざしを持って、関係者に話を聞いた。

ネットワークビジネスと聞くと反射的に顔をしかめる人がいる。そのような人に本書を読んでいただければ幸甚である。

二〇一一年四月

著者

第二章

タヒチアンノニの系譜

第三章

彼らがタヒチアンノニを選んだ理由

第四章

ディストリビューターたちの本音

第五章

ディストリビューターを支える会社スタッフの姿

第六章

タヒチアンノニに許される無限の可能性

（本文中の敬称略）

序章

西新宿タヒチアンノニビルにて

東京・西新宿にそびえるノニビル

ＪＲ新宿駅南口改札を出て、私は甲州街道沿いを都庁方面に歩いていた。

これから訪ねるのは、アメリカ・ユタ州に本社を置くタヒチアンノニインターナショナル・インクの日本の拠点であるタヒチアンノニジャパン合同会社（以下タヒチアンノニジャパン）。開業は一九九九年二月。事業はフレンチポリネシアで採れるノニの果実を生かした健康ジュースを、ネットワークビジネスと呼ばれる手法で販売するものだ。

ネットワークビジネスについてはあとで詳しく言及するが、いちばんの特徴は、通常の小売業が使う中間流通と小売流通をなくし、ディストリビューターと呼ばれる販売員が顧客を抱えるところにある。しかもそのディストリビューターが製品を購入する愛用者でもあり、口コミにより新たな顧客を広げていくことで、小売業の店頭販売とは比較にならない爆発的な相乗効果を得られるという点である。

一般的な流通業では最終小売価格の約三〇パーセントがメーカー出荷価格である。残りの約七〇パーセントが販売促進、卸業者や小売店など中間業者のマージンとなる。ネットワークビジネスでは中間業者へのマージンが不要のため、それをディストリビューターにコミッション（報酬）として還元する仕組みになっている。

それではタヒチアンノニジャパンの役割とはなにか。

ディストリビューターに対する情報発信を含めた支援、教育、管理、会社説明会、各セミナーの運営等々と、タヒチアンノニジュースをはじめとする製品の発注、発送、管理、クレーム処理。日本企業、大学とのR&D（研究開発）。これら業務のほとんどが顧客であり販売者でもあるディストリビューターに関連するものといっていいだろう。また同社は、地方のディストリビューターをサポートするためのオフィスを札幌、名古屋、大阪、福岡、沖縄に展開している。

ユタ州プロボにあるタヒチアンノニインターナショナルの本社

ネットワークビジネスにおいては主催会社とディストリビューターに雇用関係がない。突き放していえば、事業者と事業者というシビアな関係であり、考えようによっては互いに生殺与奪権を握り合っている間柄ともいえる。ノニ製品を情熱をもって広めてくれる有力なディストリビューターはタヒチアンノニジャパンにとって財産だが、その関係はウィン・ウィンの関係でなければ長続きしないだろう。

都庁に寄り添うように建つ九階建てのノニビルが視界にはいってきた。一階部分ではタヒチアンノニカフェを営業中である。一般の人たちにタヒチアンノニジュースはじめとしたノニ飲料、ノニを使った料理を提供するいわばノニの啓蒙スペースとでも言おうか。

実はこのノニビルはタヒチアンノニ社の所有物で、日本上陸五年目で購入している。いかに日本でのビジネスが順調であるかの象徴でもあるし、同社は外資企業ではあるけれど、日本に根を張っていくというメッセージでもある。


「こちらに招聘《しょうへい》されるまでは長年、マネージメント・トレーニングと人材育成の仕事をしておりました。フランクリン・コヴィー・ジャパンの『7つの習慣』というコースの専任講師がメインでした。タヒチアンノニの海外イベントの通訳を引き受けたのが契機となって、この会社の上層部と交流をもつようになりました」

タヒチアンノニジャパン黄木《おおき》信《まこと》社長の第一声である。社長就任は二〇〇七年一月、初の日本人社長だという。

タヒチアンノニジャパンに移るときにどのような決意をもったのかとたずねると、黄木社長はこう返してきた。

「この会社は他のネットワークビジネス会社と大きく違うことはわかっていました。製品は非の打ちどころがない。二〇〇〇年以上の歴史のある材料です。業界のパイオニアであって、ノニの木からボトルとして最終消費者に渡すまで、すべて自社管理をしている。だから、品質に関するクレームはほとんどない。そういう素晴らしい商材がまずある。

報酬プランについても、しごく穏当なユニレベルを採用しているので問題ありません。

私が社長になって乗り込む意義はひとつしかありませんでした。口はばったいのですが、社員とＩＰＣ（独立プロダクトコンサルタント＝ディストリビューター）の方々の人間力を向上してもらうことです。言葉を換えるならば、品格ある人間性を身につけてもらいたいのです。

もっと言えば、創業者ジョン・ワズワース社長がマルケサス諸島のヌクヒバというところでノニの群生を見つけて、これを世界中のすべての人に伝えたいと決意した。この思いから私たちのビジネスがスタートしました。その決意に対する使命感と情熱を持った人に一緒に働いてもらいたいという思いが非常にあるわけです。それに加えて、誠実な人がいい。嘘をつかないで、きちんと実直に仕事をする人。やはり誠実さがコストダウンにもつながるし、ビジネスのスピードも上げていくと私は信じています」

社長就任時から人材育成に力を注いできたことの成果に自信があるのだろう。黄木社長が続ける。

「私が社長になってから、他社とタヒチアンノニのIPCは違うのだという差別化が明確にできてきました。これをずっと続けていきたい。もしかすると、私がこういう考え方をしていることで、ネットワークで大きな組織を持っている人、つまり、相当売り上げに貢献できる人が当社のビジネスに参加することを拒んでいるのかもしれません。

ですが、私はそれでいいと思っています。この方針がアメリカ本社に受け入れられなければ他の社長に交代させられるはずですが、幸い、私は四年間社長を続けてきましたし、今年で五年目です」

黄木社長が微笑みながら立ち上がった。

この日を皮切りに、私の三カ月にわたるタヒチアンノニ関係者への取材の日々が始まった。

第一章

ネットワークビジネスの現状

ネットワークビジネスは地方に物資・物品を提供する行商人の歴史から始まった

コミュニケーションに最大の価値を見出す時代

二一世紀の小売流通業の潮流とはなにか。おそらくそれは三つのスタイルに集約されるはずだと、私は予測した。

ひとつは、世界をまたにかけてチェーン展開する巨大小売業者《ジャイアントリテーラー》だ。強大な購買力を背景とした問屋を通さない直取引。世界中を網羅する仕入れシステムの構築と巨費を投じて確立した自前物流。廉価で高品質のプライベートブランド開発。これらにより実現できる「毎日が特売日《エブリデイ・ロープライス》」が彼ら最大の強みとなる。

ひとつは、インターネットを使ったウェブショッピング。アマゾンや楽天、百度《バイドゥ》の成功に例を引くまでもなく、自宅にいながらありとあらゆる品物をネットで注文し、配達してもらう方式である。この分野には仮想店舗ではなく、現実に店舗を持つ実力派小売業もどんどん参加しており、競争は熾烈《しれつ》になる一方だ。

そして最後のひとつが、ネットワークビジネスである。製品の愛用者自らが、その製品の良さを口コミ（word of mouth）で販売していくのが基本。さらにその製品を買ってくれたお客を販売員（ディストリビューター）として登録し、自らの販売組織を広げるというビジネスモデルである。

二一世紀は従来型の物質では満たされない時代であり、人々は気の合った仲間との深いコミュニケーションに最大の価値を見出すようになるといわれる。そのような新たな時代の方向性とネットワークビジネスは添い寝するような形で、輝きを放つ可能性が高いのではないか。

「本当に良い製品であれば、消費者に製品を届ける方法はなんでもいいはず。その製品の価値を最大限にアピールする方法がマス宣伝だったから、従来はその方法を採用していたにすぎない。ネットワークビジネスは流通のひとつの手段であり、条件さえ整えば、これほど理想的で無駄のない流通形態はない」

とはシンクタンク日本総研の元研究者の弁。

通常の店舗販売だとメーカーと消費者の間に、代理店、一次卸、二次卸、小売店などの中間業者が介在するとともに、製品を世間に知らせるための広告が不可欠である。

一方、ネットワークビジネスの場合、中間業者が不要となるため、それをディストリビューターに還元する。

繰り返しになるが、ネットワークビジネスが既存の流通システムとまったく異なるのは、製品を販売するのが愛用者であるところだ。ディストリビューターは口コミで新たな顧客を直接的に開拓、販売する。また製品の愛用者を増やすだけでなく、開拓した顧客を新たなディストリビューターとしてリクルートし、自らの販売組織を拡大していく。

したがって、ネットワークビジネスには、愛用者を対象とする製品売上に対するマージンと、ビジネス優先でリクルートして築いたグループ全体の売上高に対するボーナス（権利収入）という二通りの収入がある。

一方、資金力に乏しいけれど、良い製品をつくり、世の中に広めたい会社にしてみれば、こんな有り難いシステムはない。そしてその製品が説明を要する体験型の製品、対面販売方式的なことが必要な製品であるなら、間違いなくこの手法がふさわしい。

同パターンを繰り返してきた日米のMLM企業

ネットワークビジネスのルーツは一八〇〇年代初頭に遡る。

当時は、アメリカ人のほとんどは都会から離れた片田舎に住んでおり、住民たちは日用品を揃えることさえままならない状況だった。その問題を解決するため、行商人が日用品を運び、住人たちに購入してもらい成功していた。そうした片田舎の人たちのニーズを満たしていた行商人たちがグループをつくり、組織的に動き始めたのが一八六〇年頃といわれている。

たとえば、世界有数の食品メーカーとして知られるハインツの創業者であるヘンリー・ハインツもこうした行商人の一人だった。彼は四〇〇人の行商仲間をまとめて、業務の幅を一気に広げていった。

コカ・コーラも同様のアプローチを採った。製法を買い取ったエイサ・キャンドラーが行商人の組織をつくり、全米のレストランにコーラを売り込み、大成功を収めた。

そういえば、テイタム・オニールの出世作となった映画『ペーパー・ムーン』（1973年、ピーター・ボグダノヴィッチ監督）は聖書を売り歩く巡回行商人の話だった。

ここで忘れてはならないのは、各行商人が口コミという方法でビジネスを広げていったことである。製品の良さには絶対の自信を持ち、本当に親身になって製品を勧める彼らは、さしずめ伝道師といったところだろうか。

そのうちに行商人たちはユニークなセールスコンセプトを生み出した。自分たちが気に入った製品を広げていく決意をした行商人個人がビジネスオーナーになり、製品の愛用者を製品の販売員とする傘下組織をつくっていったのである。

その仕組みが幾度も練り直され、ネットワークビジネスというコンセプトを掲げて、アメリカに出現したのは一九四〇年代だった。大御所といわれるアムウェイの創業は一九五九年。その後アメリカでネットワークビジネス企業が爆発的に増え、玉石混交状態となった。一九六〇年代に入ると、非合法なピラミッド商法（日本で言うところの悪徳マルチ商法）を採用する企業が続々と登場、連邦取引委員会（FTC）が大ナタをふるった。

一気に減少したこれらの企業が息を吹き返したのは、この業態が非合法でないことが裁判により認められ、市民権を得た一九八〇年代である。

この業態の実質的な日本上陸第一号は一九六三年のタッパーウェアで、ホームパーティ方式での販売が話題になった。その後、洗剤を扱うスワイプ・ジャパンはじめ、なかなかユニークな製品がアメリカから導入された。

一九七〇年代に入ると、日本の業界は暗黒時代を迎える。APOジャパンを筆頭に、金銭配当を目的としたいかがわしい企業が横行したからだ。多数の被害者を出した天下一家の会やその後継である国民福利の会などのネズミ講とも同一視されたのだ。

ネットワークビジネスは発祥の地であるアメリカではMLM（Multi-Levels Marketing）と呼ばれている。直訳すると、複数層に重なる人達によるマーケティングになる。複数層とは、グループ組織のなかの下層部、中層部、上層部という意味で、通常、そのディストリビューター直系の上の層を「アップライン」と呼び、下の層を「ダウンライン」と呼ぶ。だが日本では現在、アメリカ式のMLMでなくネットワークビジネスと呼ばれるケースが圧倒的に多い。

おそらく当事者たちが積極的にMLMと名乗らないのは、日本のネットワークビジネスがたどってきた薄幸ともいえる歴史と無関係ではなかろう。

一九七〇年代に蔓延《まんえん》した悪徳マルチ商法により、連鎖販売取引＝マルチ商法＝悪の図式というイメージが独り歩きしてしまった。悪徳マルチ商法との混同を避けるため、日本ではネットワークビジネスと呼ぶほうが賢明だという意識が当事者たちの間で働いたのだろう。

ネズミ講が非合法なのは言わずもがなだが、MLMが悪徳マルチ商法と根本的に違うのは、お客さんが製品を享受していることだろう。享受し愛用者になったお客さんがビジネスを始めることがネットワークビジネスの肝である。この構図が見えないビジネスには悪徳マルチ商法の誹《そし》りはまぬがれない。

こうしてアメリカと日本のＭＬＭがタイムラグはあるものの、同じようなパターンを繰り返してきたのはきわめて興味深い。

鬼っ子扱いされてきた日本のネットワークビジネス業界

これまで日本のネットワークビジネス業界は従来型の小売業と比べて一段も二段も低く見られてきた。その理由を、香港在住で数年前まで大手企業でトップリーダーを張っていた人物に聞いた。

「やはり、経済産業省がきちんと認定しなかったからです。なぜ認定できないのかわかりますか？　一般の小売業界がそれを許さずに足をひっぱるからです。政治家もおかしい。ちゃんとしたネットワークビジネス企業から政治献金をもらっていて何が悪いのかと言えばいいのに、それが言えません。

経済産業省も法律で認定されているネットワークビジネス会社とそうでないところを選別し、ここはいい、ここは駄目とやればいいのにやろうとしません。

われわれがこの業界に参加して最初に習ったのは、ネットワークビジネスはテレビコマーシャルをしないということでした。だから、マスコミにすれば、目の上のタンコブだった。テレビCMをしないで、マスコミを使わなくても儲かるビジネスだからです。マスコミにとっては排除したい対象であったにちがいありません。

でも、日本の流通業界を良い方向に変えるためには、健全なネットワークビジネス企業を伸ばしていかねばなりません、なぜなら、優れた商材でなければ絶対に口コミに乗らないからです。使ってみて駄目であれば、口コミで伝わってはいきません。

ネットワークビジネス会社の多くは支払いにクレジットカード決済を取りたがっているが、この業界は鬼っ子扱いされているので無理だと、彼は断言する。

「いちばん排除の姿勢が厳しいのは金融界で、一部の企業を除き、ネットワーク業界の毎月の支払いにクレジットカードを使わせないようにしているところがあります。使えないようにしている。物流も同じです。宅配便の着払い（代引き）を拒否しているところもあります。

いろいろ問題があるとはいえ、ネットワークビジネス業界が法律で認められている産業にもかかわらず、金融業界がクレジットカードで決済させないとか、流通業界が製品の代引きを扱わないのはおかしい。この鬼っ子扱いが日本のネットワーク業界が大きく伸びない理由でもあるのです」

テレビコマーシャルをしないから排除したい。厚労省の薬事・食品衛生審議会で特保を取りたくても、ネットワークビジネスだからと排除される。彼の発言が一〇〇パーセント本当であれば、これは談合の世界でしかない。

そもそも新聞・テレビを中心とした大手マスコミの対応もひどい。詐欺商法と悪徳マルチ商法、マルチレーベルマーケティングの違いを、記事を書いている人がわかっていない。だから、警察発表を鵜呑《うの》みにしてきた。マスコミの勉強不足も日本の業界の足をおおいにひっぱってきた。

容認されど認知せずの評価

それでは現在はどうなのか。MLMの本家本元のアメリカではれっきとした業界、産業として認知されているのだろうか。

ロス近郊でMLM企業の副社長を務めた経験もあるマイク・カキハラはその著書でこう

述べている。

「アメリカでは産業と認められていると言うディストリビューターがいますが、これはあえて言うと、『産業として容認されています』という意味ですね。

私はアメリカに二五年以上住んでいて、一般的なビジネスの世界にも長年身を置いてきた経験から言いますと、ネットワークビジネスはアメリカ社会では『怪しいビジネス』という見方が大半です。ネットワークビジネスは産業として認知されているとは、とても言い難いでしょう。

テレビやラジオでもいろいろな在宅ビジネスの宣伝を頻繁にしていますが、これまた露骨に『うちはマルチ商法ではなくて、まともなビジネスですから安心してください！』と言っています。

たしかにネットワークビジネスは、アメリカでは〝容認〟されています。でも、産業として確立しているなんて、とんでもないことです。私はいつか、ネットワークビジネスが産業として確立してほしいと願う者です。しかし、その道程はまだまだ長く険しいと思っています」

ＭＬＭ企業の元経営幹部がまだまだマイナーに甘んじていると言うのだから、これが等身大の評価と思っていいのではないか。

弁護士でタレント、ディストリビューターの経験もあるケント・ギルバートはアメリカにおける実情を私にこう語ったことがある。

「向かいのおばさんがなにかのディストリビューターをやっているらしい。それを知っても周囲はとりたてて騒ぎ立てもしないし、そういう人もいるぐらいの認識だよ。アメリカではMLMに携わっていることは決して尊敬はされないけれども、それはそれでいいのじゃないのかいという程度の認識だよ。勧められても、買う買わないはこちらの自由だしね」

たしかクリントン大統領の時代には「DSA（ダイレクト・セールス・アソシエーション　全米直販協会）がアメリカを救う」といったメッセージを流していたくらいだから、ネットワーク企業を束ねる業界団体DSAはかなり力を持っていたはずである。また、DSAがスポンサーになって、ハーバード大学など著名大学ではMLMをテーマにした講座が開講されたこともあったし、MLMのビジネスの可能性を各大学で研究させたこともあったとしているが、ここ数年はその類の話は聞こえてこない。

ビジネスモデルの宿命

こうしてみると、アムウェイやニュースキンといったMLM企業を輩出してきたアメリカでのイメージも、一五年から二〇年遅れてアメリカと同じ轍《てつ》を踏んできた日本でのイメージも五十歩百歩といえる。

その一番の要因は、業界のビジネスモデルにあるとタヒチアンノニインターナショナルインクのグローバルセールス担当キム・カーバー副社長は指摘する。

「ネットワークビジネス会社を始めるときのハードルがとても低いので、極論すれば、どういう会社であれすぐにビジネスをスタートすることが可能なのです。ビジネスモデルとして、初期投資が少なくて済みます。だから、いろいろな会社が出てきてしまう。

そのため、ろくすっぽ準備ができていない、会社として体《てい》をなしていないところが多くありますし、最悪なのは製品力がない会社です。そういう会社は、最初はお金儲けのために人を集めることができるかもしれませんが、二、三年すると必ず消滅しています」

口コミが基本の無店舗の販売スタイル。広告宣伝費はかけない。消費者が販売員を兼ねている。ネットワークビジネスならではのビジネスモデルはこれだけではない。ディストリビューターが会社から製品を卸値で購入する際、現金あるいはクレジットカードで支払うというものがある。

つまり、売掛金リスクがゼロ。これほど会社側にとってアドバンテージが取れる、有り難いシステムはない。だから、参入ハードルが低い。門戸を広げている分だけ副作用が生じるリスクが高まるというわけだ。

アメリカは日本に比べＭＬＭ企業の数が多い分、環境が悪いかもしれないと言うキム副社長が続ける。

「しかし、こういう状況はいまに始まったことではありません。あなたもご存じのように、一八〇〇年代、お客様に何か問題があって、それを解決するための製品を提供するというのが、ネットワークビジネスの始まりでした。

ところが、そのうちにインチキな製品を誇大宣伝するグループが現れました。代表的なインチキ製品がスネークオイルで、『これを飲めばすべてが変わりますよ』と人々を騙《だま》したのです。彼らはスネークオイルセールスマンと呼ばれ、人々は遠ざかり、しまいに彼らは仕事ができなくなりました。でも、そういう悪い会社、倫理性の低い会社はいつの世に

インチキ商品スネークオイルは“インチキ”のスラング（隠語）のもととなった

も出てくるものです」

要は、ネットワークビジネス企業が玉石混交はなはだしいのは、そのビジネスモデルに収斂《しゅうれん》するということだ。玉石混交こそがネットワークビジネス界の本質ととらえるしかないのだろうか。

話は日本に戻る。暗黒時代を経験した日本のネットワークビジネス界は、一九九五年から二〇〇〇年にかけてバブル期を迎えた。アムウェイやニュースキンがサプリメント（栄養補助食品）を主力製品に導入、目覚ましい成長を遂げた。私自身、サプリメントという言葉を初めて知ったのは一九九三年であった。当時の日本ではマルチビタミンと呼んでいた記憶がある。

二〇〇〇年をピークに日本のネットワークビジネス界は低迷期に入り、今日に至っている。主だったネットワークビジネス会社の売り上げは一九九五年レベルまで落ち込んでいる。日本アムウェイも例外ではなく、ピーク時の年商二〇〇〇億円から九七八億円まで下落した（二〇〇九年）。成長戦略をとれるところはなかったはずである。

最大の要因は景気の低迷により、愛用者レベルの売り上げが落ちていることだろう。特に高額製品は影響を受けた。

日本でネットワークビジネスに関わるディストリビューター数は約八〇〇万人。この数字は一〇年前と変わっていない。先の香港在住の元トップリーダーはディストリビューターが増えない原因を解説する。

「ディストリビューターがネットワークビジネスの主催会社を移動しているだけで、新しい人がなかなか参加してきませんからね。マイナスイメージを払拭《ふっしょく》できないとか、メディアへの露出度が少ないのが響いているのでしょう。昔はテレビCMをやらないのがネットワークビジネスのいちばんの売りだったけれど、やっぱり社会的認知度を高めるという意識も働いて、最近はぼちぼちテレビCMを使っている。業界の考え方も変わってきたのだと思いますよ。いずれにしても、日本の同業界が本格化するにはもう少し時間がかかりそうです」

成功するネットワークビジネス企業の条件

ここで改めて成功するネットワークビジネス企業の条件を整理してみよう。

第一に、優れた製品を持っていることである。その製品の性能あるいは効用は他の製品では代替できない。「はじめに製品ありき」。これがヘルシーなネットワークビジネス企業の大前提といえる。製品が自社の研究開発によるものならばなおさら良い。

なにをいまさらと思うかもしれないが、世の中のネットワークビジネスの多くは、はじめに製品ありきではなく、はじめに商売ありきである。

会社を成功させることが最大の目的で、流通させる製品をあとから探してくる。だから、アメリカでも日本でも業界黎明《れいめい》期にはまるで雨後のタケノコのように主催会社が増えたわけである。

先に健全なネットワークビジネスと悪徳マルチ商法との根本的な違いは、お客さんが製品を享受しているかどうかだと記した。はじめにビジネスありきで、製品は二の次の企業は明らかに邪道であり、ネズミ講とそう大差ないと私は思う。

優れた製品を持っていることが最大のプライオリティーだが、前述したようにその製品に代替品が見当たらない必要がある。似たような製品が世の中に出回っていないことである。もしくは他の追随を許さないほど製品力が優れていることだろう。この時点でなかなかそうした製品などないことがわかるだろう。

そして一般的でなく、簡単に買えないことも大切な条件である。

しかも、販売者が対面できちんと説明することで、良さが伝わる製品でなければならない。そうでなければ、人を介する、人的ネットワークに乗せる意味がない。知っているようで知らない人のほうが断然多く、だから商売になるような製品。

そのうえ、その製品には高いリピート性がなければならない。つまり、一度販売したら次のニーズが期待できそうにない耐久消費財は、このビジネスに向いていないということになる。

さらに、主催会社とディストリビューターがWIN《ウィン》WIN《ウィン》関係になるためには、ある程度の高価格であることも条件となる。

いったいこれらの条件をクリアできる製品がどれだけあるのか。

第二は、ネットワークビジネス企業のトップが際立った経営理念《ミッションステートメント》を持っていることである。

ただし、この条件はネットワークビジネス企業のトップに限らず、あらゆる企業の経営トップに求められる。

ネットワークビジネス企業の場合は、はじめに製品ありきが原則だから、製品の性格とトップのミッションステートメントが深く関わっていなければならないだろう。そのことにより、ディストリビューターはその製品を伝え広めることに使命感を持てるのが理想的だ。そうなれば、ディストリビューターと会社には絆《きずな》ともいえる信頼関係が結ばれる。

企業のミッションステートメントとして、またディストリビューターの可能性についての考え方として、私が好んで引用する一文があるので紹介したい。

……『人間には無限の可能性がある』。この言葉を否定する人は誰もいないだろう。

しかしそれは、『私には無限の可能性がある』という言葉にはつながってこないのが常である。要するに我々は、概念上の問題として人間の無限の可能性を認めながら、現実の自分についてはほんの小さな可能性をも認めていないという状態にある。

ところがネットワークビジネスの場合は違う。ネットワークビジネスの底流にある思想は、明らかに万人が無限の可能性を持っているというものである。そして、ネットワークビジネス組織拡大の過程はそれを証明していく過程であるとさえ言えるのである。

というのは、ネットワークビジネス組織拡大の過程とは、個人の自己変革の過程だからである。一人の消費者が、まずセールスマンに変身し、さらに他の消費者をセールスマンにリクルートするディストリビューターへと成長していく。まさに個人の自己変革の進行こそが、ネットワークビジネス組織拡大の過程なのである。

いまだかつて人に製品を売った経験など一度として持たない主婦が、製品の販売活動はもちろん、やがては他人をリクルートして、他人の生き方を変革させてしまうことまで行うようになる。

なんという大きな自己変革をネットワークビジネスは実現させることであろうか。この自己変革を実現させる力こそが、ネットワークビジネスの成長力そのものなのである。（中略）

女性、それも主婦を対象にしたネットワークビジネス企業の場合、いままで社会的に恵まれなかった女性が地に足のついた自信を身につけ、大きく人間的に成長していく過程を感じる場面がたくさんある。

それは、的確なネットワークビジネス・システムを実践している企業の理念には、必ず個人の可能性を信じその可能性を尊重する考え方があるからである。この基本となる考え方がなければネットワークビジネスは、多くの人を魅了することができない。多くの人がネットワークビジネスに参加するようになるのは、このビジネスは金儲けができそうだという動機も確かにあるが、それ以外にこの活動の根底に共感できる考え方が存在するからである。これのないネットワークビジネス企業は、一時期成長していているかに見えても、やがて失速し消滅することになる……

（『マルチ・レベル・マーケティング』小林忠嗣著　ダイヤモンド社　36〜37P転載）


第三は、ディストリビューターに対する収入システムである。

ディストリビューターの収入は、愛用者を対象とする製品売上に対するマージンがひとつ。もうひとつは、ビジネス優先でリクルートしたグループ全体の売り上げに対するボーナス（権利収入）。基本的なネットワークビジネスの収入はこの両面立てとなる。

通常、多額の収入を得るディストリビューターは、傘下に多くのアクティブディストリビューター（実際に製品を購入し、ビジネス活動を行っているメンバー）を持っている。

これに対して製品売上に対するマージンを稼ぐのが、この業界本来の正しいありかたではないかと指摘する識者がいるのも確かだ。

ネットワークビジネスでトラブルになるのは、たいていは次のようなケースである。たとえば、アップラインが毎月一〇〇〇万円の収入を得るためには、愛用者&ビジネスで五億円の売り上げがいるとしよう。それを維持するためにダウンラインの人間に購入を強要するようなことがあった。アップラインが得る継続的な権利収入は、自分の傘下にいるダウンラインの人たちが継続的に製品を購入することにより得られるからである。また、タイトルを維持するために借金を重ねて破産する人が出てきたりして、社会問題化した。

それをやめさせるために導入されたのがオートシップ※（自動購入発送）システムである。毎月これだけは定期的に買うというスタイルなので、不自然な購入のチェックが可能になったというメリットがある。

しかし、本当に優れた収入システムは、ボーナスが見込めない新人ディストリビューターを十分考慮したものだと思う。ここ一〇年間、ディストリビューター数が増えていない

タイチアンノニ社の5つの収入

1 小売利益

ケースオートシップ価格で購入し、小売価格にて販売。その差額を利益として得ることができる。

2 パーソナルリベート

毎月ケースオートシップ以外の商品購入に対してコミッション対象ボリュームの20%の還元を受けることができる。

3 ファストスタートボーナス

新規IPCのパーソナルスポンサーになると、その人の最初の購入日より60日間、その人が購入するたびに収入を得ることができ、短期間でのビジネス構築につながる。

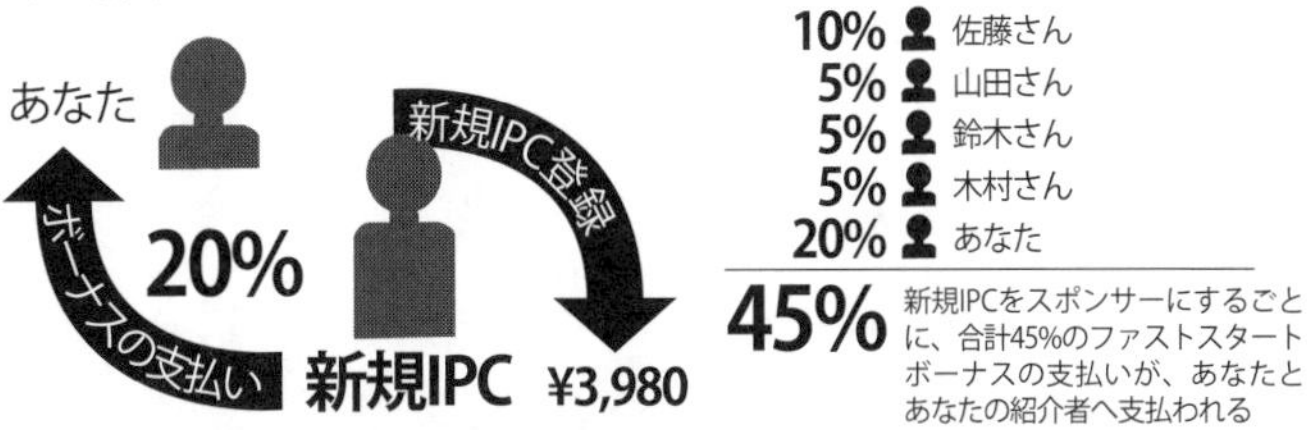

4 ユニレベル

ユニレベルは組織構築の規模に比例して、権利収入を得られる。

Level 1	Level 2	Level 3	Level 4	Level 5	Level 6	Level 7	Level 8
1%	5%	5%	6%	6%	7%	7%	8%

5 グローバルボーナスプール

グローバルボーナスプールはタヒチアンノニインターナショナル全体の売上の8%を積み立て、マーケティングプランに従って有資格者へ比例配分される。

その他の特典として、旅行や特別ボーナスなどの特別報奨が用意されている。

タヒチアンノニインターナショナルが提供するサクセスプログラムでは段階を追うごとに特別な報奨を用意。その内容は贅沢な旅行や特別ボーナス（ジェード以上〜、5万円〜1億円）など。

原因のひとつはそこにあるからだ。

※オートシップとは

オートシップとは製品購入システムのひとつで、定期お届け便のこと。いままでは製品購入時に注文書を送って製品を購入していたが、オートシップを活用することで毎月決まった日に配送される。

第二章

タヒチアンノニの系譜

タヒチアンノニの5人の創業者（左下からジョン・ワズワース、ケリー・エイシー、キム・エイシー、左上からケリー・オルセン、スティーブン・ストーリー）

三方よしの理念を持つネットワークビジネス企業

いい会社とはどのような会社のことを言うのだろうか。

投資家からみれば、効率経営に徹しながら高い株価を維持し、長期間にわたって株主に高い配当をもたらす会社だろう。

従業員にすれば、雇用を確実に守ってくれ、しかも給与が高くて福利厚生に手厚い会社にちがいない。

顧客の立場からは、他では実現できない満足のいく品質やサービスを提供してくれる会社といえよう。

以上の条件をクリアしている会社は、この不況のなかでも少なからず存在する。だが、これだけでは本当にいい会社とはいえない。そのうえに会社として何を備えていなければならないのか。

これまでさまざまな経営者に会い、話を聞き、あるときはストレートに、またあるときは伏線を張り巡らせながら、彼らの本音を導きだす行為を繰り返して得た、結論めいたものがあった。

本当にいい会社とは、「自分たちが幸福になりたいならば、その前に周囲の関係する人たちに幸福になってもらう」という考え方に徹している会社なのだ、と。たいていはその会社の創業者の理念であり、教えであり、使命感でもあった。

この考え方は、「売り手よし、買い手よし、世間よし」の言葉で知られる近江商人の家訓「三方よし」に共通する。

三方よしの原典となった条文の現代語訳は次のとおりである。

「他国へ持下《もちくだ》り商いに出かけた場合は、持参した製品に自信をもって、その国のすべての人々に気持ちよく使ってもらうようにと心がけ、その取引が人々の役に立つことをひたすら願い、損得はその結果次第であると思い定めて、自分の利益だけを考えて一挙に高利を望むようなことをせず、なによりも行商先の人々の立場を尊重することを第一に心がけるべきである。欲心を抑え、心身ともに健康に恵まれるためには、日頃から神仏への信心を厚くしておくことが大切である」

（訳：末永國紀《すえながくにとし》同志社大学教授）

今回、タヒチアンノニ社について書いてみようと思い立ったのは、世間であまり評判のかんばしくないネットワークビジネス企業の中で、近江商人の三方よしに通底する経営理念と使命感を持ち、それを実現していると、何人もの小売り流通担当の編集者から聞かされたからだった。

いまだに世の中でキワモノ扱いされているネットワークビジネスと三方よしの理念。私はこのギャップの大きさに引きつけられた。

取材を始めてすぐにわかったのが、この会社が良くも悪くもネットワークビジネス企業らしくないということだった。何人かの他社のベテランディストリビューターに聞いても、一〇〇〇社ほどあるといわれているネットワークビジネスの会社の中で、タヒチアンノニ社は突出して変わっているという。

世の常で、格別に製品力のある会社は営業力が弱いし、製品力の弱い会社は営業力を格段に強化しているものだが、同社はどのような会社であろうか。それを確かめるのが本書の役割でもある。

そして、際立った製品力を持ちながら、直販でなくネットワークで販売している。ここがタヒチアンノニ社の最大の特徴となっている。

西洋への伝播を阻んだ悪臭と味

タヒチアンノニインターナショナル・インク(タヒチアンノニ社アメリカ本社)が産声をあげたのは一九九六年七月。

創設にかかわった創業者《ファウンダー》は、ケリー・エイシー、キム・エイシー、ジョン・ワズワース、スティーブン・ストーリー、ケリー・オルセンの五人。

そして、タヒチアンノニという果実を見出したのはこのなかの一人、現タヒチアンノニインターナショナル・インク社長のジョン・ワズワースだった。

ジョンはアメリカ・ユタ州のブリガムヤング大学で農業経済と食品化学を専攻した食品化学者で、卒業後は食品開発の仕事を大学の同級生スティーブン・ストーリーと手掛けた。

九三年、ジョンは研究室に訪ねてきた友人からこんな話を聞かされた。

「ひどい風邪を引いたとき、友だちが用意した凄まじい悪臭を放つ、凄まじくまずいジュースを飲まされた。すると、熱が下がり、なにか体内の細胞が生き生きしてくるような感覚に襲われたんだよ」

仮にこの話をジョンが聞き流していれば、現在のタヒチアンノニ社は存在していなかったろう。しかし、インスピレーションがわいたジョンは「もっと詳しく話してくれ」と強く促した。当時の彼は新たな健康食品を開発しようとしていた矢先だったのである。

文献を調べると、その不思議なジュースの原料はモリンダシトリフォリア（学名）という果実で、通称はノニ（ハワイ語）、原産地はインドネシアだが、リンを多く含む土壌のフレンチポリネシア産（タヒチ）がもっともクオリティが高いことがわかった。ノニを病気やケガに用いる伝統をポリネシアの人々が受け継いできたこともわかった。一七〇〇年代後半にイギリスの探検家キャプテン・クックがタヒチに上陸した際、住民がノニを薬として食していることを紹介している。

ところが、それから二〇〇年以上たってもノニは西洋に広まらなかった。定説はないが、おそらく、独特の悪臭と味が伝播《でんぱ》を阻《はば》んだものと思われる。

ほどなくジョンは、世の中でほとんど知られていないノニの研究者を探し出した。ラルフ・ハイニキー博士。一九五五年、博士はパイナップルの研究の関連からノニの実に優れた健康増進作用があることを発見していた。さらに、彼は大規模な疫学《えきがく》調査を行い、ノニが多くの症状を緩和すると報告した。

幸運にもノニの素晴らしさをまだ社会は認知していなかった

ノニに魅せられたジョンはタヒチに飛んだ。島の人々や政府関係者に話を聞き、現地の図書館でありったけのノニに関する歴史資料を調べ上げた。ノニに素晴らしい性質があることを確信した彼は、ジュースの開発を決意した。

ノニは年中収穫でき、枝の先へ先へと新しい実をつけていく植物で、収穫サイクルは九カ月。早すぎる収穫は栄養価が落ちるので、きっちり白くなった実を採る必要があった。つまり、機械で一斉に刈り取るような真似はできない。一個一個摘みとる人海戦術となる。

ジョンが「ノニの実でジュースを作りたい」と言うと、住民たちは一様に不思議そうな顔で彼を眺めた。島で工場を借り、いざ収穫となると、なぜか住民たちの腰が重いのにジョンは気づいた。ノニの実を収穫し工場に運ぶだけで本当に報酬を払ってくれるのだろうかと疑心暗鬼だったのだ。まだ彼らとの間に信用を構築できていないのだから当然といえば当然だった。

酔狂なジュースを作ろうとしているアメリカ人が約束どおりの賃金を払うと、人が集まり出した。なかにはドラム缶に半分石を詰めて、上のほうだけノニを詰めて持ってくるふとどき者もいた。ジョンは、こうした行動は自分に対する不信感があってのことだ、試されているのだと考え、彼にもみんなと同額を支払った。こうしてジョンはタヒチの人々のなかに溶け込んでいった。

いまだに手作業で収穫するノニの果実

二〇一一年一月末、日本を訪れたジョン・ワズワースは当時を次のようにふり返った。

「フレンチポリネシアの島々において過去二〇〇〇年以上、この果実が生活のなかで健康のために使われてきたということに大変な興味を持ちました。個人的にタヒチアンノニジュースの働きを体感したこともあります。素材を自分で研究し、他の人の協力を得て調査研究しました。また同時期にアン・ヒラズミ博士、ラルフ・ハイニキー博士が同時にノニの研究を進めていて、ヒラズミ博士が論文を発表されたことも追い風になりました」

ポリネシアの人々は健康のためにノニを使っていたので、その素晴らしさは体験から証明されていた。だが、どのようにノニが体に良いのかは不明だった。ちょうどその頃ハワイ大学の研究者たちにより、ノニの中に一五〇種類を超える体に良いバイオアクティブ（生理活性）の成分が含有されていることが証明されたのである。

「タヒチアンノニジュースを開発すれば、体の不調を訴える人たちの生活改善、健康維持に役立てると考えました。しかも、その時点においても、幸運にもノニの素晴らしさをまだ社会は認知していなかったのです。これは本当にビジネスとしてチャンスではないかと思いました。同時にノニをより多くの方に伝えたいと思いました」

難航したスポンサー探し

アメリカに戻ったジョンは相棒のスティーブン・ストーリーと共にタヒチアンノニジュースの開発を本格的にスタートさせた。

同時に二人はジュースを売ってくれる販売会社を探さなければならなかった。自分たちだけではジュースの開発資金で手いっぱいの財政状態だったので、とても会社を立ち上げるだけの資金がなかったからだ。

まず、友人のケリー・オルセンに応援を仰いだ。当時オルセンはネットワークビジネスの大手企業エンリッチ・インターナショナルの副社長を務めていた。だが、同社の役員会にかけられたものの、却下されてしまう。

その二年後、改良を続けられたタヒチアンノニジュースは当初と比べると格段に飲みやすいものに変わっていた。この頃、二人の考えは決まっていた。

「われわれの会社を立ち上げて、タヒチアンノニジュースの製造・販売を行うメーカーになりたい」

スポンサー探しは難航し、時間ばかりが過ぎていった。

タヒチから戻ってきて三年になろうとしたとき、いまだにスポンサーが見つからない二人の前に、友人の紹介で、エンジェルが現れた。折しもアメリカはＩＴ革命で世界をリードして独り勝ちの時代。エンジェルと呼ばれる投資家が有望なベンチャー企業を血眼になって探していた。

エンジェルはケリー・エイシーとキム・エイシーの兄弟。この二人も大手ネットワークビジネス企業、ネイチャーズ・サンシャインの経営に携っていたこともあった。二人はタヒチアンノニジュースが世界のどの市場にも存在しない、まったく新しい製品であることを高く評価し、その場でスポンサーとなるとジョンたちに伝えた。あっという間の出来事だった。これで船を大海に漕ぎ出す準備が整ったのである。

そして、ジョンたちが最初に相談したケリー・オルセンも経営に加わることに同意し、五人の創設者により、タヒチアンノニ社は船出した。

もう一人、タヒチアンノニ社を語る上で、なくてはならない人物が、ジョンの一四歳年上の兄ブライアント・ワズワースである。ブライアントは日本、カナダ、ベルギーのアメリカ大使館農務担当公使として活躍した農務官僚。日本語能力が高いことから、一九七五年八月、昭和天皇訪米の際には天皇専属の通訳をまかされるほどであった。

タヒチアンノニのビジネスを立ち上げたジョンからブライアントにしきりに電話がかかってくるようになった。兄にビジネスを手伝ってもらいたがっていた。

当のブライアントはまったく乗り気ではなかったが、とうとう最後には根負けする。

「弟はちょっと危ないことをしているのではないか。最初はそう思いました。ジョンは本当に我慢強くというか、執拗《しつよう》にというか、熱心に毎週、私にアプローチし続けましたね。

それで家内に相談して、そこまで言うのならばちょっと会いに行ってみようかということになりました。

そこでジョンはこう言ったのです。『いまはノニ自体が認知もされていないし、誰もこれが体に良いものだと信じてないけれども、これからだよ』。私はがっかりしました。自分はこんなビジネスにかかわるのかと思いました」

だが、ブライアントの不安は一蹴された。

タヒチアンノニの開業初年度の売上高は三三〇〇万ドルと予想を上回る好スタートを切った。設立から三年後の一九九九年には年間売上三億ドルを達成、メキシコ、香港、そして日本へと販売地域を広げていった。

二〇〇一年には、アメリカで短期間に成長を遂げた民間企業五〇〇社中二六位にランクインしている（Inc．500MAGAZINE※より）。

日本への上陸は一九九八年。初代日本支社長にはブライアント・ワズワースが就任した。日本でも開業二年目にノニジュース単品で売上高一〇〇億円を突破、二〇一〇年の売り上げは三〇〇億円（著者推定による）。

※Ｉｎｃ．５００ＭＡＧＡＺＩＮＥとはニューヨークに拠点をおく著名な月刊ビジネス誌。創刊は一九七九年。八二年からアメリカでもっとも成長の早い（会社成立後四年間の収益成長率順）企業五〇〇社のリストを発表し続けている。

ネットワークビジネスの乗数の法則

駆け足で同社のあらましを記した。このトレースのなかで私が興味を引かれるのは、タヒチアンノニジュースが最終的にネットワークビジネス企業の経営者に見出されたことである。

もしも運悪く、一般の委託販売会社にこれを提供することになっていたならば、おそらく同社は日本に上陸していないだろう。

会社設立後三年間で売り上げを三億ドルにまで急伸させた一番の要因は、タヒチアンノニジュースの際立った製品力にネットワークビジネスの強みが実にうまく融合し、予想を上回る爆発的な相乗効果を生み出したからだった。

ネットワークビジネスの爆発的な相乗効果について、前掲の『マルチ・レベル・マーケティング』(ダイヤモンド社32P〜33P転載)ではこのように紹介している。

……六二五人に緊急連絡をしなければならない立場の人がいる。全員に片っ端から電話をかけていくとする。仮に一回につき三分かかるとすると、

三分×六二五=一八七五分=三一時間一五分

もし連絡ネットワークを準備してあればどうなるのか。最初の一人が五人に連絡する。連絡を受けた五人がそれぞれ別の五人に連絡するやり方である。緊急連絡だから、誰がどの五人に連絡するのかは決まっている。

最初の人が五人に連絡すると、

三分×五人=一五分

次の五人が各々五人に連絡する。その次の五人が、さらにその次の五人が連絡していくと、計算上、一時間で六二五人に連絡できることになる。

三一時間一五分に対して一時間。実に三〇倍以上の速さである。これがネットワークビジネスの乗数の法則である。……

現実には法則どおりにはいかないものの、過去、ネットワークビジネス企業が驚異的な成長を遂げた理由はここにある。

ディストリビューターの信用を上げるためのツール

しかしながら、前章でも触れたように、本当に成功するのは優れた製品であるとともに、ネットワークビジネスが扱うのにふさわしい、つまり、口コミでなければ良さが伝わらない製品という条件を満たさなければならない。

タヒチアンノニジュースがいかに口コミに向いた製品であるのかについて、タヒチアンノニインターナショナル・インクのジェフ・ワズデン（グローバルマーケティング担当）、キム・カーバー（グローバルセールス担当）、二人の副社長に話を聞いた。

ジェフ・ワズデン（以下、ジェフ）「私は以前コカ・コーラで働いていました。ハインツでも働いていました。広告代理店の業界にもいました。多くの会社では、自社製品の良さを知らせるためにテレビ広告をしてきました。ラジオ、新聞といった媒体も使いました。

そして店舗で販売していました。
私たちのタヒチアンノニジュースをはじめとするバイオアクティブ（生理活性）の製品のストーリーを伝えるためには、テレビCMでは短いし、かつ難しい点があります。word of mouth（口コミ）でバイオアクティブのことを知ってもらって、人々に良さを伝えていただきたいと思っています」

キム・カーバー（以下、キム）「実際に私たちのバイオアクティブの製品を体感していただくと、その体感を人々が伝えてくれるということです。製品があまり作用がないものでしたら、それはまったく伝わりません。しかし、この製品は良い作用があります。広告方法はさまざまありますが、やはり口コミのほうが人々は信じます」

ジェフ「マーケティングを学ぶとわかりますが、マーケティングクラスの教授は口コミがもっとも効果的に人々に情報を伝えられると教えています。もし製品が本当に良い作用があるのならば、口コミがいちばん良い方法なのです。もし製品が良くないならば、その噂も同じく早いスピードで伝わります」

キム「インターネットの発達により、口コミでさらに早く伝えることができるし、もっと悪い噂も伝わるようになりました。

私たちには多くのＩＰＣ（独立プロダクトコンサルタント＝ディストリビューターのこと）がいます。製品を共有するためには、メッセージをシンプルにしなければなりません。そして、価値を伝えなければならない。はっきりと価値を伝えて、ＩＰＣたちに理解してもらわなければならない。私たち会社側としては、そのためのツールを提供しますし、新しい方々がその価値を本当に伝えられることを助けてあげなくてはいけない。彼らにとって伝える方法を簡単にしてあげたい。その人を助けることによって、こういうビジネスになるのだということを教えてあげる。そのためにはトレーニングが必要になってきます。

まずメッセージがクリアであること。顧客が価値を理解すること。そして彼らの製品に対する信頼を高めてあげること。

私たちはテレビコマーシャルをしないし、伝統的な広告はまったくしていない。だから、あまり知られていないのでときどきお客さんが私たちの製品を使うことを躊躇《ちゅうちょ》することがあります。そこで彼らが信用を上げるためのツール、科学的な力が必要になります」

自前でＲ＆Ｄ（Reserch & Development）部門を持っているのは、同社の際立った特徴だ。Ｒ＆Ｄとは研究開発のことである。

木からボトルへ そして届くまで

段階1：収穫
認定を受けた収穫者が、熟した清らかなノニの果実を摘み、ドラム缶に入れます。

段階2：タヒチでの加工処理
ドラム缶は産地、日付、収穫者などの ID 情報が記されたうえで、加工工場に送られます。工場において、果実は再び品質検査を受けます。

段階3：フィニッシャー／低温殺菌装置
果実はピューレに加工され、低温殺菌が施されます。

段階4：発送
低温殺菌されたピューレは品質の検査を受け、運搬容器に入れられます。容器はコンテナ船で米国西海岸、日本、中国、ドイツへと海上輸送されます。

段階5：品質検査
米国西海岸に届いた運搬容器は、ユタ州アメリカンフォーク市で品質管理の検査を受けます。

段階6：バッチング／フレーバーリング
1回の製造分ごとに区分けされたピューレにフレーバーリング用の原料が加えられます。規格に合格していることを確認するために、製造されたジュースのすべてがボトリングに先立って検査されます。

段階7：ボトリング
出来上がったタヒチアンノニジュースは低温殺菌され、次に高温殺菌されたボトルに入れられてキャップが付けられます。そして倉庫に運搬され、さらに検査が行われるまで保管されます。

段階8：品質管理
ボトリングされたジュースは、品質管理のために再検査を受けます。

段階9：加工処理
ボトリング後の再検査に合格したジュースは、ラベルを貼ることが認められます。ラベルが貼られた後、最終の品質検査が行われ、合格したものが完成品となります。

こうして、大切に作られたタヒチアンノニジュースは、消費者のもとへ届けられるのです。

ちなみにネットワークビジネス企業の製品はＯＥＭ供給がほとんどである。こんな製品をつくってほしいとメーカーに発注してつくらせている、いわばプライベートブランドのようなものだ。あるいは他社が開発した製品の販売権を買い取るスタイルである。

ところがタヒチアンノニの場合は、研究開発、製品開発、原料調達、加工工場、検品、物流、ボトリング、配送までほぼすべて自前で行っているメーカーであり、非常に珍しいネットワークビジネス企業といえる。

アメリカ・ユタ州アメリカンフォーク市にある
世界最大のノニ専門研究施設

ノニ研究の第一人者や食品化学者、研究員などがノニの可能性について集結する世界唯一のノニ専用研究所は白眉だ。現在Ｒ＆Ｄに従事しているのは一八名。Ｒ＆Ｄ予算は二八〇〇万ドル。提携・協力する大学、研究所は世界各国二七におよぶ（62ページ参照）。

医薬品メーカー並みの体制で臨床試験を行い、成分、製造方法の特許取得や登録商標を出願中である。後述するが、ノニを使った農法まで確立しようとしている。

タヒチアンノニ　ジャパン合同会社マーケティング　アド

タヒチアンノニ協力・提携機関

1 イリノイ医科大学
2 ノヴァ Southeastern 大学
3 ハンブルグ大学（ドイツ）
4 ウィスコンシン大学
5 神戸学院大学
6 近畿大学
7 天津医科大学（中国）
8 ハワイ大学
9 ブリガムヤング大学（ハワイ）
10 チリ大学
11 ユタ州立大学
12 アーカンサス大学
13 カンサス州立大学
14 Clemson University
15 Moscow Scientific and Practical Center of Sports Medicine（ロシア）
16 ウラル州立大学
17 国立 National Yang-Ming University（台湾）
18 Chang Gung University（台湾）
19 コーネル大学
20 テキサス技術大学
21 北京薬科大学
22 ジョージア大学
23 ブリガムヤング大学プロボ
24 ユタ大学
25 ミネソタ大学
26 University of Saskatchewan, Canada
27 日本医科大学

2011年4月現在

ミニストレイティブ ディレクターの勇史行《いさみふみゆき》が解説する。

「タヒチアンノニの製品が優れているのは、科学的な証拠、根拠があることだと思っています。特許と論文の数が多いのです。通常、論文というのはそれほど多くはつくれません。ピアレビューがあるので、つくろうと思ってもなかなか論文にできないからです」

64ページは、タヒチアンノニインクR＆Dが発表した研究論文のリストの一部である。

タヒチアンノニインクR＆Dが発表した研究論文の詳細はインターネットで閲覧できる。これらの科学的な論拠はたしかにタヒチアンノニを日本で広めているIPCに力を与えているようである。

科学と伝統の裏付け

有力IPCの一人である高谷功《たかやいさお》はこう語っている。

「『食品工業』という雑誌に、タヒチアンノニの研究員の論文が出ていて、タヒチアンノ

タヒチアンノニインクR&Dの研究論文

掲載誌	タイトル
Phytochem Anal. 2010 Aug 26.	ノニの異なる部位と地域における主要なイリドイドの決定と比較分析
Pac Health Dialog. 2009 Nov;15.(2) :: 21-32	ノニ果実ジュースの二重盲検による臨床安全試験
Physiol Behav.2010 Sep 1;101 (2) :211-7.Epub 2010 Apr21.	ノニは血管を改善することにより、マウスのストレスによる認知機能障害を抑制する
Nutr Cancer. 2009;62 (5) :634-9	ノニは芳香族DNA付加体の減少により喫煙者のガンリスクを減少させる
Chem Cent J.2009 Oct 6;3:13.	ヘビースモーカーにおけるノニジュースの抗酸化活性
J Toxicol Sci. 2009 Oct;34 (5) :581-5.	ノニ果実の肝毒性と亜慢性毒試験

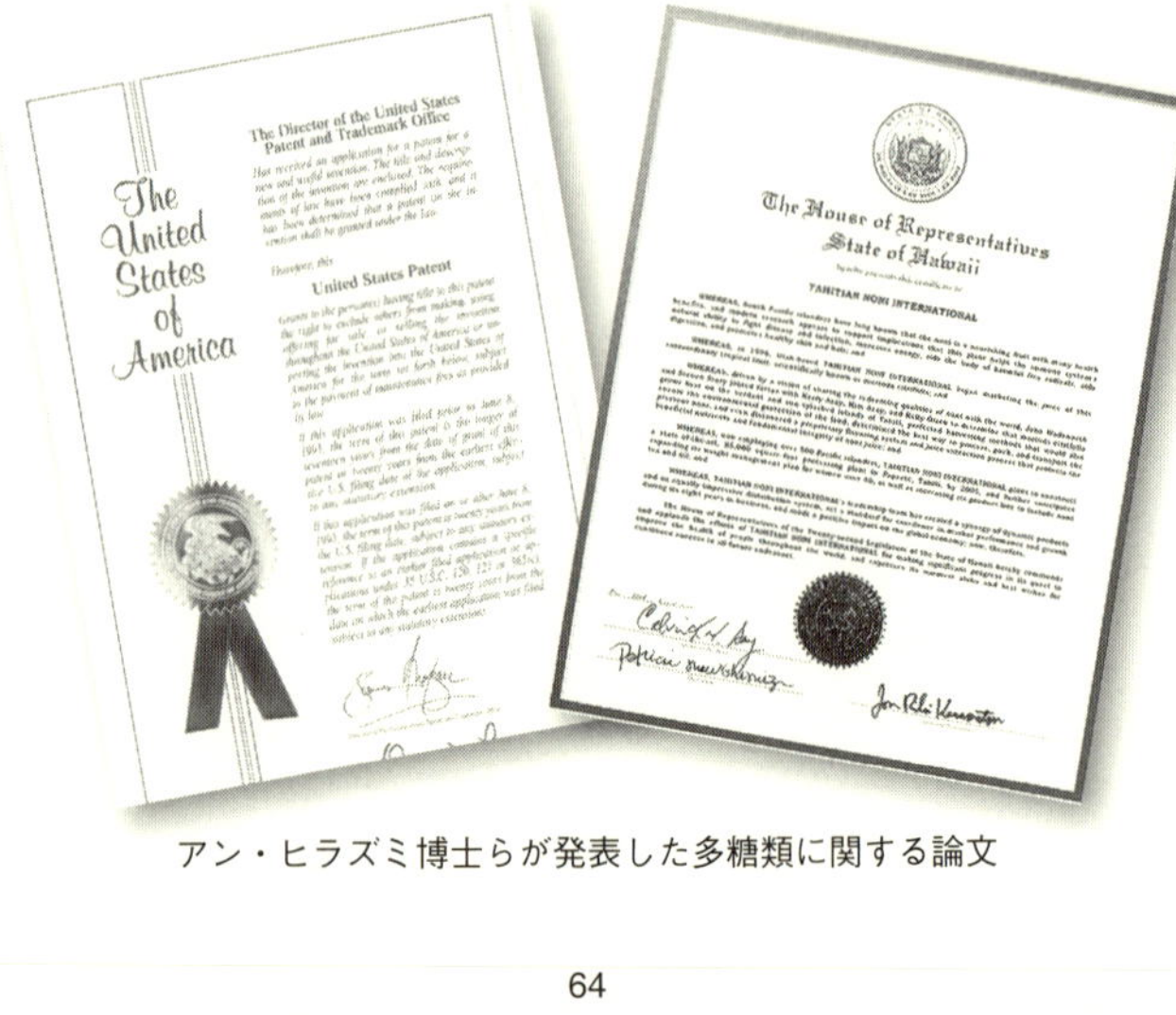

アン・ヒラズミ博士らが発表した多糖類に関する論文

ニジュースが痛風の炎症を抑えるというデータが載っていました。お客様は私たちにはそういうしっかりした証明《エビデンス》があるので非常にありがたいわけです。お客様は私を信用するというより、エビデンスを信用してくれるのです。

たとえば医療関係者の人にはやはり、それなりの対応をしなければ理解を得られません。資料や特許庁の広報を見ていただいたり、あるいはアメリカのサイト、Pub.med《パブメド》（世界でもっとも使用される生物医学系データベース http://www.ncbi.nlm.nih.gov/pubmed/）などを紹介し、それを見ていただいたりして、検証してもらえれば、私たちがあまり難しい話をしなくても済むのです」

生物学者でもある勇ディレクターは、ディストリビューターたちにノニの健康食品としての素晴らしさをこう説明しているのだという。

「ノニには科学と伝統の裏付けがあります。いまある健康食品のほとんどは、科学の観点で良いとわかってつくられたものが多いわけです。しかし、それらには長い歴史があるわけではありません。それが本当に人間の体に入って、体がうまく吸収し、作用するのかは完全にはわかりません。その点、ノニには二〇〇〇年の歴史があります。ノニのように伝統の重さと裏付けを持ちながら、かつ科学的な根拠を持つ製品はきわめて稀《まれ》なのです」

さらに、ノニにはこんなエモーショナル（感情的な）メッセージが込められているのだと勇は続けた。

「タヒチアンノニジャパン本社二階はショップになっています。そこでタヒチアンノニジュースを購入された一般の方に、『誰のために買われたのですか?』とお聞きしました。ほとんどが、『自分の肉親が病気なので』と返されます。自分のためよりも人を思う気持ちがあってタヒチアンノニジュースを買われるわけです。

もともとノニもそういう存在だったのです。ノニの原産はタヒチではなく、東南アジアから長い時間をかけて渡ってきたのです。ある特定の人に、特別な気持ちで、特別なものをあげるのだという気持ちがあって、タヒチまで渡っていったと思うのです。そうした伝えたい思いが太古の人たちにあったからこそ、ノニは受け継がれてきて、いまはタヒチアンノニジュースになって現代人の健康に役立っているのです」

主力製品がこうした人の心に訴えるストーリーを持っていれば、いかに話下手なディストリビューターであっても、聞き手は興味をそらさないだろう。

同社では一九九六年からフェアトレードを実施、国連の外郭団体から社会貢献賞を受賞している。通常こうした賞は個人が受賞することが多いのだが、法人として受賞するのは非常に珍しい。

また、フレンチポリネシアに住む一万五〇〇〇人の人々が同社に携わる仕事に従事している。ノニの実を採取する人たちに証明書を発行し、一年間で更新していく。この証明書を受けている人たちは、同地としてはかなりの報酬を得ている。

タヒチは百数十の島からできており、子供たちは各島で初等教育が受けられる。ただし高等教育を受けるためには、寄宿舎のある別の島に渡らなければならない。その資金がなく高等教育を受けられない子供たちが多かった。だが、この証明書システムのおかげで教育を受けられる子供が急増した。なかにはフランスの大学へ進んで、大学教育を受けて現地に戻ってくるような人たちも出てきた。その国の一番の支えになるのは、将来を担う人たちの教育に他ならない。

「もしも何千年前に特許というものがあったならば、ノニの使用方法についてはタヒチの人々が特許を取得していたでしょう。それをわれわれは無料で使わせてもらっている

収穫者になるには認定研修がある。そこで収穫できる果実の規定を学ぶ

のです。その意識ゆえに、タヒチに対する援助という上から目線でなく、還元しようという感覚で子供たちの教育に投資しているのです」（勇ディレクター）

持続可能なビジネスを提供する

本章の冒頭、タヒチアンノニ社は近江商人の三方よしに通底する経営理念と使命感を持っている珍しい企業だと述べた。それは創業者の一人であり、実質的にノニの存在を世界中に知らしめたジョン・ワズワース社長の、

「タヒチアンノニ製品には自然の力があふれています。この優れた力によって私たちの人生は変わりました。私たちの使命は、そのストーリーを伝えることにより、地球上のすべてのものに恵みをもたらすことです」

というミッションステートメント（経営理念）にも反映されている。言い方を換えれば、同社は健全なネットワークビジネス企業のベンチマークになろうとしている。

他のネットワークビジネス企業とのいちばんの違いは、同社が「持続可能なビジネス」をＩＰＣ（独立プロダクトコンサルタント）に提供していることである。そのために強い

コンプライアンス機能を備えており、特に薬事法、特定商取引法違反については、IPCの不興を買うほど細かいチェックが入る。

その成果が消費者センターに対するクレームの少なさに現れていると前出の黄木信社長は語る。

「過去三年間、沖縄で一件、大阪と名古屋で四、五件、いちばん多かった東京でも一三件でした。しかも、内容のほとんどがクレームというよりも質問に近いものだったのです。たとえば東京でのクレームの典型的なものは『うちの母親がタヒチアンノニジュースを気に入って、非常に熱心に自分に勧めてきます。それをどうやって断わったらいいですか？』というようなものでした。IPCのみなさんがきちんとルールを守っているのが、こうした数字に表れています」

黄木社長はどのぐらいの覚悟で不正防止に取り組んでいるのだろうか？

「ネットワークビジネスの宿命で、私たちのオリジナル製品がインターネットで安売りされるなどの問題はイタチゴッコのようにあります。そうしたラインを潰すと、流通が停滞し、売り上げにもろに影響してくるので、会社によっては見て見ぬふりをしてしまうことがよくあるのです。

私の場合は、『明確にそういうことがあるなら話し合ってやめてもらいなさい。売り上げが落ちてもかまわない』と言っています。昨年もかなり大きなラインと話し合って活動を停止していただきました。そのぐらいの覚悟でやっているわけです。

それは私たちのビジネスを守る意味でもあります。同時にＩＰＣのみなさんに不公平感を与えてはいけない。長期的にきちんとした仕事をしてもらいたい。ＩＰＣのみなさんが出すインターネットを含むすべてのタヒチアンノニに関する広告に対して許可、更新制にしているのも、そういう気持ちがあるからです」

もうひとつ、「持続可能なビジネス」にするための差別化として、同社がＩＰＣに提供しているのが、報酬プランにユニレベルを採用していることだという。

「これは最近あまり流行っていない方式です。ユニレベルは成功するためにチームプレーが必要なシステムになっています。第一世代から第八世代まで、下に行けば行くほどパーセンテージが上がるというプランで、ほとんどの会社とは逆になっています。

たとえひとつのラインだけでも、長くずっと続けていくことにより権利収入が必ず発生します。以前からあるブレイクアウェイなどと違い、自分がつくった信頼の関係がずっと最後まで続いていくものです。急激に収入が上がるというかというと、それにはクエスチ

ユニレベルとは

ユニレベルとはネットワークビジネスの報酬プログラムのプランを指す。自分を起点として、7段目までとか8段目までといった主宰企業が定める段数までの売上に対して報酬を受け取ることができる。タイトル（ランク）維持の条件やランクアップするための条件が緩やかなのも特徴。以前の方式ではランクアップ条件やタイトル維持条件を満たさないとなかなか収入につながらないが、それを改善したものがユニレベル方式といえる。

一度、ダウンラインが出来ると、その人が製品を購入し愛用し続けてくれる限り安定して報酬を受け取ることができる。だから1人紹介するだけでも毎月の継続収入になる可能性がある。

組織が大きくならなくても、それなりの収入を得ることができるので、初心者にはお勧めの報酬プラン。ただし、報酬対象となるダウンラインの段数が決まっているため、自分が構築した組織が大きくなった場合でも、組織全体からの報酬を受けることができない。

ヨンマークが付きますが、一生懸命にやっていたら、必ず結果が出てくるというプランといえます」

ネットワークビジネスもさまざまである。いまだ懲《こ》りずにマネーゲーム的なシステムを採用している主催会社も多いし、会員にとってやたら厳しいハードルを設定している会社もあるなかで、タヒチアンノニのシステムは穏当で非常に優れているのではないだろうか。

ただそれを可能にしているのは、プロのセールスマンではなくて、日常レベルのスピーカーの力で伝えられる製品力を持っているからである。すべてはこの大前提に収斂《しゅうれん》する。

第三章

彼らがタヒチアンノニを選んだ理由

2011年のインターナショナルリーダーシップカンファレンスに参加したIPCたち

ＩＰＣの生活と意見

ネットワークビジネスの主役はなんといっても、自立した販売ネットワークを広げるディストリビューターである。

タヒチアンノニ社のディストリビューターはＩＰＣ（独立プロダクトコンサルタント）と呼ばれ、全ＩＰＣの六割を五〇代、六〇代の女性が占める。全体の男女比でも七割が女性である。

取材に応じた経営者、主婦、ＯＬなどさまざまな経歴を持つ一二人のＩＰＣ。彼らにはそれぞれにタヒチアンノニを選んだ理由があり、それぞれの人生模様があった。

自立した個人事業者をつくっていくのが本来の姿

荘司エリコ（そうじ・えりこ）　一九九九年ＩＰＣ登録

単品で一〇〇億円売れる製品などそうそうない

「いまはすっかり状況が変わりました。健全なネットワークビジネスの主催会社を見つけることさえできたら、リスクは少ないし、財を築ける可能性が高いと考えています」

その日が初対面。荘司エリコの穏やかな風貌に似合わぬ物言いは、どこかベテラン経営者を思わせた。

いまでこそ日本のネットワークビジネスのイメージを変えた女性として知られる荘司だが、タヒチアンノニのビジネスを始める前は専業主婦。ただし、自活の道を探っていた時期でもあったという。

そんな悩める荘司にタヒチアンノニジュースを紹介してきたのが、現在の夫、片山知昭だった。すでにタヒチアンノニ社の日本での展開はスタートしており、一年が経過していた。

「試飲したタヒチアンノニジュースは美味しくなかったですし、ボトルも現在のものとは違って、古くさいお酢の瓶みたいでした。最初の印象は『これが売れるのかな？』で、製品にすごく魅力を感じるということはありませんでした。ましてやそのときの私は若いし、元気だし、特に自分の健康にトラブルがなかったですから」

製品に不安があったのにもかかわらず、なぜ彼女はこのビジネスを始めようと決めたのか？

「正直言うと、売り上げなのです。当時、タヒチアンノニ社の年商は百億円と聞かされました。アイテムはジュースだけです。単品で一〇〇億円売れる製品などそうそうありません。ちょうどこの年にエコナクッキングオイルが一〇〇億円売り上げていましたけれど、スタートして間もない時期にすでに一〇〇億円はすごい。しかも宣伝なしです。もしかしたら、このタヒチアンノニジュースは得体の知れない力を秘めた製品ではないかなと感じ、もっと知りたいと思いました」

タヒチアンノニのビジネスに限っていえば、はじめに製品ありきで、タヒチアンノニジュースを気に入ったユーザーがＩＰＣ登録し、ビジネスの道へと進むパターンが大半なのだが、荘司の場合は入口が異なっている。

なぜこの健康ジュースが年間一〇〇億円も売れるのか。まず売上高に着目し、製品に興味が移っていくユニークなケースだ。目の付けどころが違っていた。

歴史もあり、テレビコマーシャルでおなじみである養命酒の平成二二年の年商が一二三億円。一一年前とは経済環境が変化しているので単純比較はできないとはいえ、当時の彼女の発想に説得力を与えるものであろう。


タヒチアンノニ社に強い関心を抱いた荘司は、この会社が本物かどうかを納得するまで調べることにした。確信したのは、同社が国税庁発表の二〇〇〇年の法人申告所得ランキングにしっかり入っていたのを確認したときだったという。さらに自腹を切って、米系調査会社の与信管理専門家にアメリカのタヒチアンノニインクの財務分析まで依頼している。

荘司が苦笑して言う。

「ビジネスを始めるにあたり、『この主催会社をよく調べました』と言われる人が多いのですけれど、それが怪しいのです。どこで調べたのですかとお聞きすると、みなさん、あやふやです。知り合いの銀行や証券会社の話だというので、『どういうデータを出されてきたのですか』とお聞きすると、具体的な数字がないのです。ただ『あの会社はすごい』と教えられただけの人もいました」

こういう人たちが胡散《うさん》臭い会社に取り込まれて、飛んで火に入る夏の虫となるのだろう。

飽きずに商いの教え

ネットワークビジネスに初めて参加することになった荘司が心に決めていたことがある。大変なのはどの商売でも一緒で、このビジネスだけが特別ではない。これは普通の会社を起業するのと同じことなのだ。したがって、社長（個人事業主）である自分が大変なのは当然だし、傷つくことも多いに違いない。それに逃げずにぶつかっていこう。決して人任せの仕事はしまい。

ネットワークビジネス未経験の荘司は、経験者に一切声をかけない方針でビジネスをスタートさせた。場所は地元鎌倉。彼女の周囲にはいわゆるアッパークラスの主婦が多かった。まずは人に会うことだった。名刺をつくり、事業説明会でもらった製品パンフレットを持って、自分の住所録をたよりに鎌倉を歩き始めた。

荘司はネットワークビジネスを事業と位置づけて声掛けしていった。気軽に「仲良し会みたいなものだから」とか「ちょっとしたお小遣いになる」といった誘い方はしなかった。事業をするのだというハードルを設けて、それでもトライしてみようという人たちだけに集まってほしかったからだ。一人ひとりが自立した個人事業者をつくっていくのがネットワークビジネスの本来の姿だから正論といえる。

予想どおり、最初から結果はついてこない。だが、これは覚悟していたことではないか。日々の徒労感と闘う彼女を支えたのは「飽きずに商い」という言葉だった。これはかつて製糖会社の経営者であった彼女の祖父、桜井清七の口癖だったそうだ。

「祖父はそれまで築き上げた全財産を関東大震災で失いました。しかし、現実を受け止めた祖父はやがて製糖会社を復興させたのです。商売は何があってもコツコツと飽きずに続けていけばうまくいく。飽きずにやり続けていれば、商売のやり方がだんだんわかってきて、自然に自信も生まれてくる。思わぬ災難やトラブルに出くわしても、それを乗り越えられる、という意味です。

一人でも多くの人にタヒチアンノニの製品と事業性を知ってもらおうと、くさらずに歩き回っていると、少しずつ仲間ができ始めました。新規登録者が増えても、心がけていたことがあります。決して相手任せにせず、リスクを背負うこと。自分も率先して製品を知ってもらうためにアイデアを出したり、自分の足で歩くことです。やるべき課題は先送りせず、仕事に丁寧に取り組んでいたら、私に賛同して登録してくださる人が次第に増えてきて、そのスピードに加速がついていたのです」

荘司の言葉の端々にビジネスマインドがにじみ出てくるのは、彼女の祖父の影響があったからだと、ようやく腑《ふ》に落ちた。

また取材後に知ったことだが、荘司は無類の読書家で、古今東西ありとあらゆる事業成功者の自伝や評伝を読破している。彼女は読書から、どれほど傷つき落ち込んでも、諦めずに進んでいかねば成功はおぼつかないことを学んだにちがいない。

グループは全員年齢不詳

現在、荘司のグループは三万人規模にまで増えている。正確に調べたわけではないが、おそらくアジア地域ではナンバーワンのボリュームではないだろうか。組織が大きくなってくれば当然ながらさまざまな人がグループに入ってくる。グループの協調を維持するコツを聞いた。

「問題のある人は二種類に分かれます。ひとつは、他のネットワークビジネスに転向して、われわれの仲間に引き抜きをかけるような困った人です。ただし、これに関しては、ほとんど被害はありません。やはり、タヒチアンノニ社の報酬シミュレーションがＩＰＣ思いで優しいですし、もちろん製品も優れているからです。

もうひとつは、気持ちが落ち込んでしまう人が出てくることです。たとえば、普通の会社でも営業成績をガンガンあげる人もいれば、うまくいかない人はなんとなく肩身が狭いわけです。私たちのグループのなかで窓際族みたいな人が出てこないよう、そこを気遣っています。

人間はどうしても自分と人を比べたがります。自分が一〇ケースもいかないのに、一〇〇ケースを売ったと聞かされれば、落ち込んでしまいます。そういう空気からトラブルが起きると考えているので、私はダウンラインレポート（会社から送られてくる毎月のグループメンバー一人ひとりの実績を表したレポート）を一切見ないことに決めているのです。だから、親しいメンバーであっても誰がどれだけの実績をあげているか知りません。見ないことによって、みんなに平等に接しられるのです。これが私の工夫なのかもしれません」

同様に荘司はグループメンバーのプロフィールに無頓着である。全員年齢不詳。誰もが互いが何歳なのかを知らないのだという。

「そうです。年齢を聞くと、その人のことを全部知りたくなってしまう。人間はそんなものです。年齢やプロフィールだけで決め付けてはいけないと考えているからです。ですから私もなにも言わないし、人にも聞かないようにして、意図的に年齢を意識しないようにしています。本当に若々しい七〇代もいれば、なんだか老けこんだ二〇代もいますから。

現在は女性が圧倒的に多いグループなので、これからどうやって男性を増やしていくかが私たちのグループのテーマです。これまでは女性が相手で主婦が多かったから、セミナーは昼の時間帯が中心でした。でも、これからは会社帰りの男性を対象とするセミナーを積極的に開くつもりです。これを五年続けていけば、従来の主婦層とは違う新しい層ができると思っています」

働かざる者食うべからず

荘司の話を聞いていて、ふと素朴な疑問が浮かんだ。彼女はタヒチアンノビジネスにおけるれっきとした成功者の一人であるのは言わずもがなである。しかも同社のIPCに対する報酬は手厚い。余計なお世話だろうが、彼女が手にする権利収入も相当なレベルまで上がっているものと推測できる。一〇年以上疾走し続けてきた彼女がいまもなおこのビジネスに対して高いモチベーションを保っていられるのはなぜかだろうか。

長くがんばってきて、ペースダウンしたいとか、休みたいとは思わないかとたずねると、荘司は間髪入れずにこう返した。

「それは非常識な話だと思うからです。どんな仕事でも『働かざる者食うべからず』なのです。権利収入で遊べる、楽をして暮らすという、その発想そのものが世間の人から嫌われる。これだからこの業界にかかわっている人間は駄目だなどと揶揄《やゆ》されかねません。たとえば歌手だって印税収入があるからといって遊んでいる人はいません。歌い続けなければ、その歌だって忘れられてしまいます。私はそう思うわけです。だからこの仕事にはずっと真剣に取り組んでいきます。私が信用していただけるのは、毎日こうしてがんばって、新規メンバーを増やそうとしているからだと思うのです。そのうち半分海外で暮らして、半分は日本で働こうと思っているなどと言ったら、相手はそんな人と仕事をやりたいと思わないですよ。

本当にいい会社とご縁ができて、私はこれだけ大きな収入をいただいているわけですから。タヒチアンノニ社を盛り上げるためにも、私が動いていることが大きいと思うのです。と同時に、これはタヒチアンノニ社に対する義務だと思っています」

さらに荘司はこのビジネスを通して、人に対して深く感謝をすることを覚えたという。

「いままでも感謝はしていたのですが、やっぱり、うまくいかないことのほうに目が行きがちだったのです。どうしてこんなことになってしまったのだろうかと、ついその理由を考えていました。

でも、この仕事をして、いろいろな人と出会っていくうちに変わってきました。どんなに私が心を尽くしても、一生懸命になってもうまくいかない人も出てきます。でも、それに応えてくれて、賛同してくれている仲間がいます。私は笑顔で一緒にいてくれる仲間への感謝を忘れません。本当に有り難いと思っています。いまの私の目標は、みんなの成功です。もう自分は十分なのです。自分が成功して幸せだから、仲間にも成功してもらいたい。そのためにサポートしたいのです」

人を変えられるのがこのビジネスの醍醐味

萩原隆（はぎはら・たかし）　一九九九年ＩＰＣ登録

強盗が来てくれた？

そのときはあまりにも唐突に訪れた。一九九九年四月三日午前三時の東京都大田区蒲田にあるコンビニ店。

「いらっしゃませ」

次の瞬間、パンを陳列していた経営者兼店長の萩原は背後から右肩をひっぱられ、左手薬指があっという間に血まみれになった。

「金を出せ！」

目の前に刃渡り二五センチはあろうかというナイフが突きつけられている。不思議と恐怖感がなかった。

ふつうなら人生最大のピンチともいえる場面だろう。だが、萩原はこう思ったという。

「これで本当にコンビニをやめられる。やめるしかない」

レジ内の現金六〇万円を渡し、強盗が逃げていくと、警察を呼んだ。

次に、自宅にいる妻の都代子に電話をかけた。

「いま、強盗にはいられた」

すると驚いた都代子が言った。

「私が呼んじゃったのかもしれない」

その言葉にはこういう意味が込められている。

すでにタヒチアンノニのビジネスを調べ上げ、これに賭けようと決意していた萩原夫妻の最大のネックは、コンビニ経営からの完全移行ができないことだった。契約上、次の更新まであと四年もコンビニを続けなければならない決まりになっていた。一日も早くコンビニをやめてタヒチアンノニのビジネスに専念できることを夫婦で願う毎日が続いていた。その矢先に起きた強盗事件だっただけに、都代子の口からそんな言葉が発せられたのだと思う。

後年、萩原自身も視界にナイフが入ってきたとき、「いまだから言えるのだが、強盗が来てくれた」という心持ちだったかもしれないとふり返っている。

翌日、見舞いにやってきたコンビニ本部の役員に、包帯姿の萩原は畳みかけるように訴えた。

「もう限界です。私がこんな目に遭ったし、女房も精神的に参ってしまい、大変なのです。やめさせてください」

長い付き合いのある役員は、致し方なしといった表情を浮かべた。これで契約満了時まで続けさせたら、人でなしの誹《そし》りは免れまい。

「こちらも準備があるものだから、考えさせてくれ」

数日後、コンビニ本部社員がやってきた。

「あと半年間、九月末まで営業してもらえば、違約金なしで閉店していただいて結構です」

そのとき、萩原は飛び上がって喜びたい衝動をこらえるのに必死だった。脱サラでコンビニ経営者になってから一〇年が過ぎようとしていた。

会社を辞めなきゃよかった

萩原がタヒチアンノニビジネスにたどり着くまでには相当な紆余曲折があった。

大学を出て最初の就職はデンソーのエンジニアで、自動車部品の設計の仕事だった。転勤で東京に来て三〇歳のときに独立。いろいろ考えた末に、選んだのが「できるだけ食いっぱぐれがない堅い仕事」コンビニ経営者としての独立だった。加盟金、保証金が三〇〇万円、残りは借入でスタートした。すでに結婚し、子供が生まれていたので、失敗は許されない船出でもあった。

覚悟はしていたものの、コンビニ業は想像をはるかに上回る大変な仕事だった。やり始めて一週間もしないうちに、「会社を辞めなきゃよかった」とひどく後悔した。

アルバイトの人数を最低限に抑えて、妻が昼間に入って、萩原が夕方から翌昼まで入るシフトで懸命に働いたけれど、日販二五万円が精いっぱい。本部の予想の日販四〇万円には程遠い。

「もう駄目です。体力的にも経済的にももちません。やめさせてください。サラリーマンに戻ります」

一年後にコンビニ本部の役員に夫婦で頭を下げたが、それは許されない話だった。フランチャイズ契約によると、一〇〇〇万円以上の違約金を払わないとやめることはできない。引導を渡された萩原夫婦は茫然自失のまま、ふたたびコンビニ業に立ち戻るしかなかった。

夫婦で大変な思いをしながら二四時間年中無休。家族旅行は皆無。それどころか、正月シーズンになるとアルバイトがいなくなるので、大晦日と正月は家族全員コンビニで迎える生活がずっと続いた。これは萩原家が特殊な例でなく、コンビニ業界では「よくある話」と私も知っている。収入も上がらず、身も心もくたくたに疲れ果てて廃業していく残酷物語は珍しい話ではない。

だが、萩原はこんなコンビニ地獄をただ耐え忍んでいたわけではない。コンビニ業で一生を終わりたくない一心で、寸暇を惜しんでフランチャイズビジネス、ネットワークビジネスを調べあげた。コンビニ経営のかたわら、実際にいくつかの無店舗フランチャイズビジネスに登録して動いてみた。小型浄水器の訪問販売にもトライしてみた。だが、結果は思わしくなかった。

一九九七年頃には当時日本に上陸して急成長中だった米本部のネットワークビジネスにも参加するも、これも長くは続かない。どれにも一長一短があり、人生を賭けてみる気にはなれなかった。

コンビニ地獄からの脱出

さまざまな経験や勉強を経て、萩原のビジネスに対する考え方が整理されてきた。

「きちんと最初の仕組みから徹底的に調べてみると、なぜこのシステムがネズミ講と言われるのか、なぜこれで悪いイメージを持たれるのだろうかと不思議に思いましたね。ただ、グループが広がっていったときにそこからも収入が入ってくるじゃないですか。それが倫理上どうなのかなと思うときもありました」

グループが広がったら、何もしないで伝えた人間から巻き上げるみたいなイメージに捉われていたのだ。萩原が続ける。

「でも、違う。これは考え方だなと。このビジネスは自分が伝えた人を成功に導くんだと。その輪を広げていくんだ。その対価として収入が入ってくるというふうに考えたら、これはOKだなって、自分のなかで考え方を整理したのです」

業界に向けて常にアンテナを広げていた萩原がタヒチアンノニの存在を知ったのは、専門雑誌の特集記事。当時タヒチアンノニジュースという単独製品で健康食品の売り上げ記録を塗り替えている企業が日本に上陸してくるという内容だった。

「最初はどうしてこのジュースがこんなに売れるのかと訝《いぶか》りました。それからいろいろ調べていき、もしこれが本当だったらすごいな、ひょっとしたら自分が探し続けてきたビジネスと商材はこれなのかもしれないと。関係者にいろんな資料のコピーを見せていただき、本当じゃなかったらこんなデータを出せないと思いました」

萩原の場合も他のIPC同様、自身や家族がタヒチアンノニジュースを飲み始めてすぐに体感があったという。この製品の力はハンパではない。とりわけ体調を崩しがちだった娘と息子が元気になった。ノニが天からの恵みであることを実感した萩原の確信レベルが格段に上がった。

システムを見ると、ユニレベルという報酬プランなのでノルマも何もない。飲みたい人が飲むだけ、人に教えたい人は教えればいいのだから、誰にでも自信を持って伝えられる。あとは相手に選んでもらえばいいではないか。これはいける。これに賭けてみよう。

いままでとまったく違う手応えを得た萩原がタヒチアンノニにIPC登録したのは一九九九年一月。コンビニで強盗被害に遭う三カ月前のことだった。

タヒチアンノニビジネスのスタートダッシュが成功したのは、コンビニ経営や訪問販売の苦労と研鑽《けんさん》の賜物《たまもの》だったと萩原は思っている。

コンビニ業と格闘しているときは、次のビジネスの本命は手探りだけれど、次に携わるビジネスへの準備期間と決め、成功哲学の本や経営書をかたっぱしから読み、自分の気持ちが落ち込んだときにどうしたらモチベーションを上げられるかを学んだ。

「いつかビジネスリーダーになるべく心を鍛えていました。いろいろな仕事をやりましたから、その人的つながりも大切にキープしていました。そうした準備期間があったから、タヒチアンノニビジネスがパーッとうまく広がっていった。それがなくて、いきなりサラリーマンから移行しても、そううまくはいかなかったと思います。やっぱり準備期間、心のレベルアップができたこと。それがいちばん大きい」

仮に苦しみぬいたコンビニ時代の一〇年間が萩原から抜け落ちていたらどうか。コンビニ経営者という立場で、お金の出入りも含めて管理する立場であったのは、リーダーになったときに役立ったのではないか。

「なにからなにまで自分でこなさなければならなかったコンビニの経営はとてもよい勉強になりました。なかでもローテーションで回していく二〇人ほどいたパート、アルバイトたちの教育は大変でしたが、現場で人材の育成法を身につけました」
あとから考えてみれば、コンビニ時代の一〇年間があったからこそ、さまざまなことを学び、結果的にタヒチアンノニに出合うことができたともいえる。

ノニビジネスの本当の価値

萩原の表情は優しい。いつも口角が上がり、笑顔を絶やさない。そして少し高めのトーンの丁寧な言葉づかい。初対面で萩原に嫌な印象を抱く人間はよほどのアマノジャクだろう。

そんな萩原のグループ会員に対するレベルアップの仕方はいわば全方位型である。一般的には、グループリーダーが有望な人材を選んで重点的にサポートしていくのもひとつの手だろうし、もともとリーダーの素質を持っている人だけをリクルートしてくる手もある。

だが、萩原のやり方は、一般の人が参加しても十分成功できる流れをつくることだという。ネットワークビジネスどころか、ビジネスそのものにまったく無縁だった人でも、勉強する意識さえあれば大丈夫だというスタンスだ。

もちろんリクルート活動で何度声をかけてもこぼれていく人たちはいる。

「当然です。だけど、そういう人たちにも何回か声をかけ続けていると変わってくるんです。情熱で人は動きますから。来てください、来たほうがいいよって声がけすると、どこかで潜在意識に入っていくのかもしれない」

リクルートのとき、最初はほとんどの人は値段が高いとか、ネズミ講、マルチ商法ではないかとか警戒姿勢だという。そんな人がある日突然、ガラリと変わってしまうところがタヒチアンノニビジネスの醍醐味かもしれないと萩原は笑う。

「それがこのビジネスの本当の価値なのかもしれません。ほとんどの人がこういった製品はあり得ないとか、病気になったら病院に行けばいいと思っているでしょう。そうではなくて、健康を決めるのは食で、食こそが健康の源だから、そこから改善していこうと。だからタヒチアンノニにはこれだけの可能性があるのだと、これから広がっていくのだと、じっくりと非常に奥深いまなざしで入っていく。

その人の価値観を変えるわけですから、ものすごい力とエネルギーがいるのは当然です。ネズミ講、マルチ商法と同じにとらえている人に真実を伝えるには、一度や二度では難しい。私の経験からすると、二年間伝え続けるパワーがあれば、きっと伝わるはずだとみんなに言っているのです。

われわれの思いが簡単に伝わらない人が多いのは、一般常識から外れているからで、その常識を覆す仕事をわれわれはしているのだと。本当の健康とは何なのか、どうやったら本当に価値ある人生を送れるのかに気づいてもらうには、ものすごい力とエネルギーがいるから、最初に断わられるのは当然なのです」

新たにグループに入ってくる人は会社経営に携わっている人もいれば、主婦であったりサラリーマンであったり、千差万別である。そんななかでもともとビジネスに無縁だった人を、収入を得るために重要な経営者マインドまでもっていくのは至難の業ではないだろうか。萩原が言う。

「いちばんのポイントはそこだと思います。ほとんどの人はやったことがないし、できるかなと自分を疑っている。そこをいかにして自分はできるのだと思ってもらえるような教育システムをつくるかなのです」

他の強力なグループもそうだが、萩原のグループもオリジナルの教育システムをつくり、改良を重ねている。

「ひとつは、成功哲学とか自己啓発セミナーに参加したリーダーたちが集まり、みんなが学んでいるノウハウを寄せ合い、それをタヒチアンノニのバージョンに置き換えてみます。どうやったらいまの会員たちが変わっていけるか、いま何が足りないのかなどをテーマに、みんなで案を出し合い、それらをまとめてシステムをつくっています。

たとえばどういう教育システムかというと、私たちのグループにはハッピーダイヤシステムというものがあります。タヒチアンノニにはダイヤモンドパールというタイトルがあり、それを獲得するとたいてい月収一〇〇万円ほどの収入になります。やはりタヒチアンノニのビジネスをするからには、仲間にはそれぐらいになってもらいたいという思いから三カ月間の教育システムをつくったのです」

そこではみんながチームになって学ぶのが特徴で、三カ月経つと当初は自信なさげだった人がガラリと変わっていることが多いという。

タヒチアンノニは人生そのもの

間違いなく一〇年前といまでは格段にすべての面でレベルアップしてきたと自身を分析

タヒチアンノニ社のタイトルとボーナス一覧

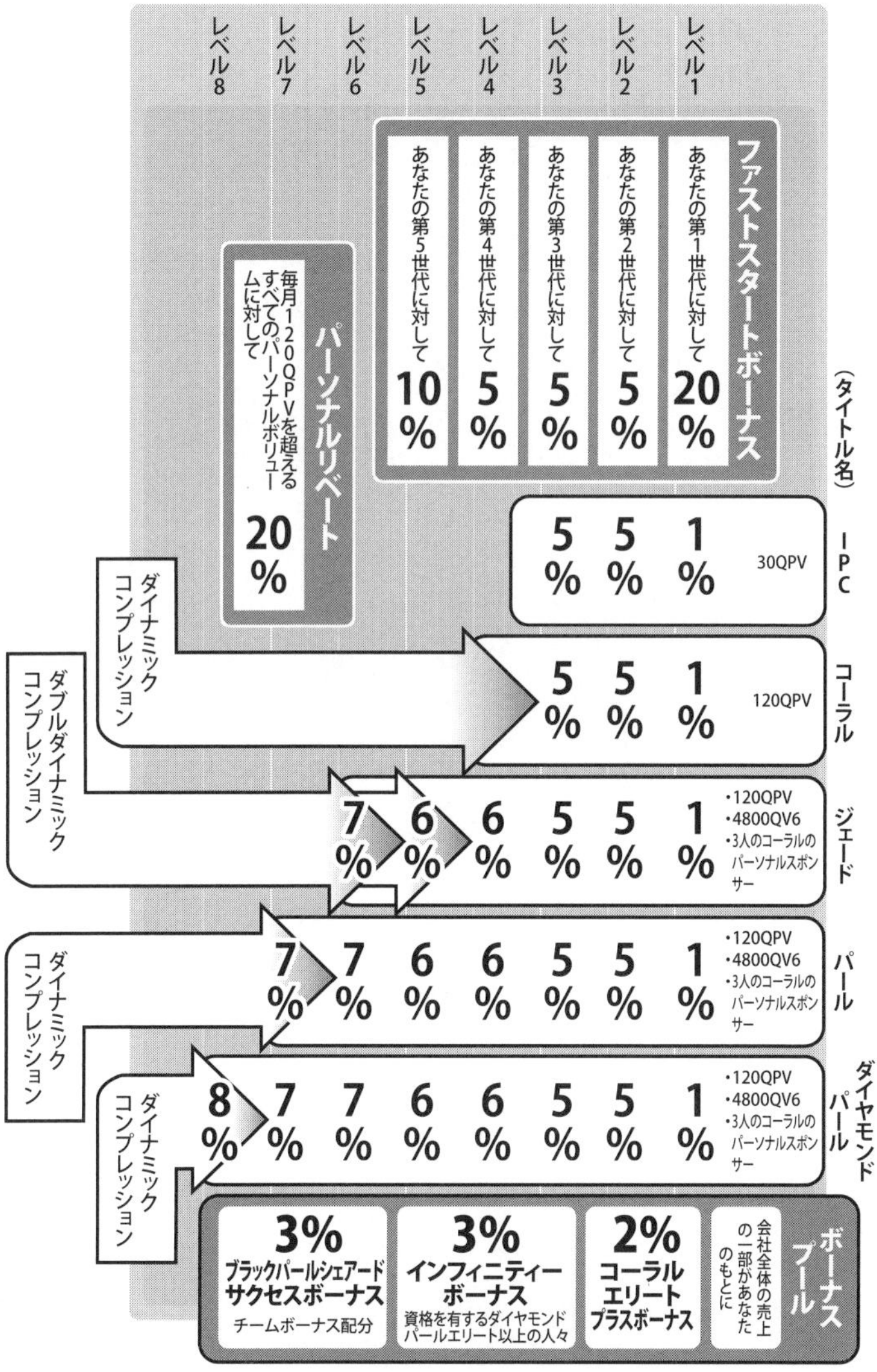

タイトル名	レベル1	レベル2	レベル3	レベル4	レベル5	レベル6	レベル7	レベル8	備考
ファストスタートボーナス	あなたの第1世代に対して 20%	あなたの第2世代に対して 5%	あなたの第3世代に対して 5%	あなたの第4世代に対して 5%	あなたの第5世代に対して 10%				
パーソナルリベート	毎月120QPVを超えるすべてのパーソナルボリュームに対して 20%								
IPC	1%	5%	5%						30QPV
コーラル	1%	5%	5%						120QPV（ダイナミックコンプレッション）
ジェード	1%	5%	5%	6%	6%	7%			・120QPV ・4800QV6 ・3人のコーラルのパーソナルスポンサー（ダブルダイナミックコンプレッション）
パール	1%	5%	5%	6%	6%	7%	7%		・120QPV ・4800QV6 ・3人のコーラルのパーソナルスポンサー（ダイナミックコンプレッション）
ダイヤモンドパール	1%	5%	5%	6%	6%	7%	7%	8%	・120QPV ・4800QV6 ・3人のコーラルのパーソナルスポンサー（ダイナミックコンプレッション）

ボーナスプール（会社全体の売上の一部があなたのものに）

2% コーラルエリートプラスボーナス	3% インフィニティーボーナス（資格を有するダイヤモンドパールエリート以上の人々）	3% ブラックパールシェアードサクセスボーナス（チームボーナス配分）

PV＝パーソナルボリューム　QVC＝資格取得ボリューム　QPV＝資格取得パーソナルボリューム

する萩原は、特に人を成功に導く力がついてきたという。

「当たり前ですが、最初はとにかく自分が成功することに一生懸命だったけれど、いまは自分よりもまわりの人をどうしたら成功に導けるかに変わってきました。この一〇年間でタヒチアンノニの基盤ができたということですね。

自分も悪戦苦闘して、最初の目標はどうしたらこのビジネスで成功できるかだったのが、一〇年間でそれが確立できた。これからが私の本当のスタートと考えています」

萩原がグループ会員に口を酸っぱくして説いていることがある。ビジネスの成功には目標設定が肝要であるという基本中の基本だ。約一〇年間でブラックパールの資格を得た萩原自身の五年後の照準はマルケサスクラブの資格。さらに二〇二〇年に世界で未達成のボラボラアワードの資格を得ることだ。これを実現させるためには、グループから現在の萩原のタイトルホルダーを七人出すという壮大なものである。

なぜ萩原はタヒチアンノニを選んだのか?

その問いかけに彼はこんな答えを用意していた。

「コンビニ業や訪問販売で辛かった日々のなかでも、自分を生かせる道が必ず見つかると信じていました。一〇年かけてずっと探していた。それがタヒチアンノニだったのです。

萩原隆の人生をどこまで生かせるか、どれだけの人々を幸せにできるのか。その思いを託せる存在がタヒチアンノニなのです」

タヒチアンノニは萩原にとって人生そのものだと言いたかったようだ。

禍福は糾《あざな》える縄のごとし

白水誓一（しろみず・せいいち）　二〇〇〇年ＩＰＣ登録

人生どん底でのノニとの出合い

福岡で医療クリニック、老人ホーム、調剤薬局などを経営していた白水誓一がタヒチアンノニの話を持ちかけられたのは、いまから一一年前、二〇〇〇年のことだった。

白水は医師や薬剤師ではないが、職業柄、一般人よりはるかに高い医療知識を身につけていた。話をもってきたのは旧知の後輩で、彼に格別な医療知識があるわけではない。「タヒチアンノニジュースはものすごく薬効がある」というセールストークなどは白水にしてみれば完璧な薬事法違反だった。

「その物言いはまずいよ。あなたが嘘をついているとは思わないけれど、日本のルールでは厚労省の承認を受けない限り駄目なんだよ」と諭したところ、それでも後輩はひるまずに「本当にこのジュース、すごいんです。検討してください」と迫ってきた。

これはよほど洗脳されているのか。あまりにもタヒチアンノニへ傾倒している姿を見て、白水はそう思った。前もって後輩からタヒチアンノニがネットワークビジネスであるということも聞かされていたので、製品もいいだろうが、ビジネスの収益性に魅力があるのかなと独り合点していた。

若干興味をそそられたが、ビジネスに関わるつもりはまったくなかった。けれども、いちおう後輩の顔を立てることにした。

「わかった。うちのオフクロも高血圧だから」

母親だけに飲ませるわけにはいかないので、白水も一緒にメンバー登録して、タヒチアンノニジュースを継続して飲むことにした。

元来、人一倍社交的で行動力に富む白水がビジネスに関心を示さなかったのは、そのときの彼がきわめて弱い立場にあったことと無関係ではない。当時の白水は個人負債額二億円を抱えて、一生かけて債権者に返済しなければならない身の上だったのだ。

社会的信用ゼロ。どん底の状態。尾羽打ち枯らした格好の白水に手を差し延べたのは老人ホームを経営する父親だった。折しも世の中は介護保険が導入され、それまでとはルールが大きく変わり、老人ホーム事業にも新しい経営センスが問われるようになってきた。

「いい機会だから、名前だけの役員ではなく理事長を譲るからお前がやれ」

老人ホームビジネスを息子に任せるというのだ。父の資産を切り売りさせて迷惑をかけていた白水に選択肢などあるはずもない。これから福祉の世界で生きていく決断をした白水は、大見得を切った。

「自分にもプライドがある。最低二期四年間は理事長としての収入は要らない」

夢中になったネットワークビジネス

高校まで福岡にいて、大学は東京、その後アパレル企業でサラリーマン生活を経験した白水が福岡に戻ってきたのはいまから三〇年前、二八歳のときだ。

父親が福岡で福祉事業や医療事業を手広く行っていた。一人息子の白水は後継者としていつかは故郷に戻らなければならない運命にあった。サラリーマン生活は三年半ほど。特別養護老人ホームの新規オープンを機に福岡に戻ってきた。

しかし、新しい仕事場の理事長は父親でもあり、かつ上司でもあるわけで、なにかと衝突した。周囲から見れば、白水はオーナーの息子だから、至るところで特別扱いされる。

どんなにがんばってみても、結局、「オヤジが偉かったからだ、家柄がいいから」と言われるのが関の山だった。

実は、白水はそんな鬱屈した気持ちで暮らしているときにネットワークビジネスを経験している。三一歳のときにM社のビジネスを始めた。きっかけは尊敬する先輩の紹介で、当時の製品は洗剤。とりあえず、白水が関係する老人ホームや叔父が経営する医療機関などで使わせてみたところ、評判がよかった。コストよりも、使いやすさで喜ばれた。

そのうちに実際に行なっている人たちと会う機会があり、白水はどんどん傾斜していき、三一歳から十数年間にわたり続けた。始めてしばらく経ってから、父親と大喧嘩になった。「お前の本業は福祉の仕事だろう。他の収益がどんなに良かろうと、お金のために生きるような人生をお前は選んではいないはずだ」

言っていることが当たっているだけにカチンときた。若気の至りというやつだ。周囲から常に「どんなにがんばったって、結局、あなたはオヤジさんが敷いたレールに乗っかるのだろう」と言われるのもシャクに触っていた。それでM社のビジネスを本気で仕事としてやってみようと思った。当時そのビジネスをやっている人たちは、白水の知る業界のなかにいないタイプの人たちが多く、それが面白かったこともあった。

それで白水は勤めていた特別老人ホームを一時期休職した。ところがM社のビジネスを一〇年近くも続けることになり、エグゼクティブ・ダイヤモンドというタイトルを獲得。年収レベルで最高三七〇〇万円、グループ会員五万人を率いるまでになっていた。

ただし、あまりにものめり込みすぎたため、強引な誘い方をするようになった。従兄弟の医者には、「副業で収入を得て、お金を気にしない医者になろう」と誘い、顧問弁護士には、「収入を得るための弁護士ではいけない。依頼人が貧しかったら弁護料は要らないという弁護士になろう。そのためには副業で稼ごう」と誘った。あまりの熱心さに宗教にでも入信したのではないかという噂が広まった。

奈落の底へ

突っ走ってきた疲れが出て、自分のラインの仲間にがんばっているフリをするようになった頃、白水は同じビジネスの成功者で、弟のように可愛がっていた男から呼び出された。彼の本業はイベント屋で、白水は福岡ドームでのマイケル・ジャクソンのコンサートのチケット先行予約販売ビジネスをやらないかと持ちかけられた。

少し引っ掛かるところもなくはなかったが、話に乗った。プロジェクトを進めていくうちに、日本側スポンサーが変更となるなど止むに止まれぬ事態が連続して発生。予約販売の専門会社まで設立していた白水は余儀なく一億円の連帯保証人になった。その後も経費がかさみ、借金を重ねた。コンサートは無事に挙行できたものの、大きな赤字を出した。

大失敗を反省している暇はなかった。このプロジェクトを持ちかけてきた男がコンサート費用を持ち逃げし、彼のイベント会社の社員も一緒に姿をくらましたのである。彼の会社に関わった費用すべてを白水は保証していたので、白水の借金は一気に五億七〇〇〇万円に膨れ上がった。あっという間に、白水は奈落の底へ落ちた。

自宅、ビルを売却、父親の資産を切り売りさせてもらった。これほど親が有り難いと思ったことはない。それでも白水のところに下品なヤクザの取立て屋が姿を現す日々が続いた。

二年後、白水の個人負債額は一億九七〇〇万円に決定した。個人破産という選択肢もあったけれど、債権者の顔ぶれは青春時代から今日まで本当にお世話になった人たちばかりだった。銀行のようなアコギな真似のできない気のいい人たちばかりに対する借金が残った格好だ。白水は「金利はつけられないけれど、元金についてはどんなに時間をかけても返済する」という道を選んだ。

興味はあるが自分にはできない

それから一年間、白水は老人ホーム理事長として、経営者として必死に取り組んだ。老人ホーム事業にとどまらず、医療クリニック経営、調剤薬局の開業などさまざまなチャレンジをし、短期間で収入確保の実現にこぎつけた。収益源を多様化し、将来的に自らの借金を返済するためもあった。手ごたえは十分で、時間はかかるけれど借金を返せるメドがついたと実感していた。

そんなとき旧知の後輩がふらりとやってきた。彼は一年前、どん底状況の白水のもとを訪ねてきて、タヒチアンノニの話を持ち込んできた男である。あれから月に一度のペースで白水を口説きにきていた。聞けば、そのビジネスは順風満帆そのもので、月収レベルで一年前の一五〇万円から三五〇万円に跳ね上がっているという。

実はこの後輩もかつてはM社のビジネスを行っていた。前回に会ったときは「タヒチアンノニはハードルが低い」と誘ってきたが、ネットワークビジネスにかけてはすでに白水も海千山千のツワモノだ。そんな口上に騙されるほど甘くはないけれど、彼が現実に高い収入を取っている話には興味があった。

興味はあったけれど、自分にはできないと思っていた。なぜか。かつてある程度結果を出せたのは、それを本業としてがんばったからだ。いくらモノが優れているといっても、仕事を抱えながらそんな中途半端にできるほど甘い世界ではない。

ひるがえって、いまの状況は、昔と比べると、信用はなく、誰からも白い目で見られている。かつ、多額の借金をコツコツ返済しなければならぬ身である。自分の経営手腕が認められ、ようやく周囲が協力してくれる状況になっているのに、またぞろネットワークビジネスを始めましたでは申し訳が立たない。

別に白水は失敗したわけではないけれど、彼の家族にすれば、「冒険心が強すぎて成功するかどうかわからないことに関わったからこんなことになったのだ」という気持ちだったろう。

この日もはじめから断わるつもりだったので、白水は後輩のセールストークを心なし冷ややかな視線で聞いていた。ただ、タヒチアンノニが業界で初めて導入したオートシップシステムの説明を聞かされたとき、正直、よくできているなと感心した。

けれども、白水の口からはこんな皮肉な言葉が飛び出していた。

「ああ、よくできているね。こうして無理やり毎月買わせるようになっているんだ。無理やり買わないと絶対に収入が取れなくなっているから、これならばみんな買うよね」

「ジュースタイプだったら絶対に減るものな。タブレットだったら、ここらでもう飲むのを止めておこうと思うけれど、ジュースは減ったらまた買うし、いいものであればちゃんと飲めば健康をサポートしてくれる。よく考えているね」

腹の底から出たため息

それから数週間後。介護保険が導入され業界全体がバタバタしていた時期もすぎ、白水の気持ちが少し落ち着いた頃、ふっとわれに返った。

オレのこれからの人生の十数年間は借金を返すためにあるとは言わないまでも、人生の一番の目的は借金を返すためなのだ。そう思うと、いまからが長いなと腹の底からため息が出た。そのときになぜか後輩の言葉を思い出した。

「自分には時間があります。たとえ白水さんに時間がなくても、しっかり紹介さえしてくだされば自分がバックアップしますから、ちゃんとしたビジネスとして手掛けませんか」

　本当に彼が言っていたようにやれるのかなと心が揺れた。次の瞬間には、大分に住む後輩に電話で、「もう一度詳しい説明を聞きたい」と依頼していた。彼に来てもらい、白水はビジネスプランを中心に質問した。全部解明され、納得したわけではなかったけれど、いくつかあった疑問がそのときにクリアになった。

「やってみようかな」と言うと、後輩が顔をくしゃくしゃにして喜んだ。

「白水さんと一緒にこのビジネスをやれたら嬉しい。本当に応援しますから」

「事情は知ってくれているとは思うけれど、いまは片手間のサラリーマンではなく、責任ある立場だ。ジュースについてはよくわかった。この仕事をやるのならば、コソコソするのは苦手なので、うちの役員にも認めてもらって、ちゃんとした活動をしたい。うちの薬局や病院の信用を失くすようなものではないとわかっているから、モノに関しては大丈夫だ。あなたよりもある意味私のほうが詳しいのだから。けれども、ビジネス面に関しては、私は一回失敗しているから周囲には偏見がある。やっぱりみんな最初からウェルカムの姿勢ではないと思う」

「どんなことでも自分がやります」

「やれることからやるから。自分のペースでやらせてくれ」

こんな会話があって、白水のノニビジネスはスタートした。

ノニビジネスに対する自分のストーリー

白水はかつてのようにカーッとのめり込むことなく、家族や自分が関係する人々へきちんと説明した。

いちばんちがっていたのは、時間がないと自覚していたので、事業感覚を持って動いたことだった。これだけの時間をかけるのならば、相応のパフォーマンスを求めたのだ。最初からノニをビジネスとして捉えてくれる相手を選んで伝えていった。健康に不安がある人に伝えて、良かったら他の人にも伝えてもらうという発想は捨てた。

セミナーや講演に赴く先々で、白水は親の仕事を継いで老人ホームの理事長になった苦労知らずの二世で、ノニビジネスも順調なのだと思い込まれることが多い。

「それが違うのですよ」

なぜ白水誓一という男がこのビジネスをやっているのか。自身のノニビジネスに対するストーリーを相手に話すことに徹した。それはおのずと人生のストーリーに触れることにもなる。信頼していた男に騙され、五億円を背負わされた恥ずかしい話を避けては通れない。

いまでも借金を返しているのだと言う白水に向かって「わかります。実は昔親友に裏切られたことがあります」とか「自分にも借金がありまして」とか、白水が隠したかった部分に共鳴してくれた人が多かった。たいていはビジネスの魅力を伝える前にそういう話になった。

「それで白水さんのノニビジネスはどうですか？」

「おかげさまでけっこう助かっています」

「内容的にはどうなのですか？」

「一度きちんと聞かれたほうがいいですよ。私もそうだったけど、納得するまで一年もかかっているし。私の仲間でも話を聞いたけれどもメンバーにならなかった人もいらっしゃいます。私は縁あってノニビジネスに加わったことで、収入が増えてきて、借金を返し終えることができそうなのです」

ここからが白水の真骨頂だ。

「この不安な時代です。医者でさえ絶対に大丈夫ではありません。一部上場の大会社でも潰れる時代です。どう変わるのかわからない時代に、なにかひとつでもコンスタントに入ってくる収入源をつくりませんか。月収一〇〇万円とは言わないけれど、二〇万円、三〇万円でもコンスタントに入る収入があったらどれだけ不安が減るか。不安がまったくなくならないまでも、軽減されるだけでも、いまの仕事をもっと気持ちよくできます。いろんなことをかなり解決できます」

不安を解消することを嫌だと思う人はいないので、たいていの人は首肯《しゅこう》する。

「けれども白水さん、本当にリスクはないのですか?」

「リスクはありますよ。もちろん誤解を受けることがありますから。ビジネスをやっているということで信用を失くすというリスクです」

ただ、それを恐れていてはなにもできません、と白水は結ぶ。

守備範囲は四六都道府県

実は白水にはある程度の勝算があった。最初にＩＰＣ登録して、実際に本格的に始めるまでの一年間で白水は五〇〇人以上のタヒチアンノニジュース愛用者を獲得していたからだ。ビジネスとして自分が意識していないのに、ユーザー五〇〇人にオートシップで毎月届けられているのは驚異的なことだった。白水には過去に他の経験があるからなおさらだった。

愛用者の内訳の半分以上は医者、薬剤師、看護師、彼らの家族だった。スタート時点は白水の親戚や周囲の人たちばかりに伝えていたが、月二万円以上を払うオートシップでの購入は単なるお付き合いレベルではあり得ない。なによりも医療人たちが気に入って飲んでいるという事実が、白水の自信につながった。

福岡にもタヒチアンノニのセールスオフィスはあったものの、白水は一度も顔を見せなかった。行く暇があったら、フィールドでノニを紹介するか、自分の本業に時間を割きたかったからだ。

「君は成功しているわけだから、私はあなたの言うことを聞く。やるからには私も月収一〇〇万円ぐらいにはなりたい」

当時毎月最低でも一〇〇万円返済していた白水は、どうしても借金返済期間を大幅に短縮したいと思うようになっていた。

「どんなことでも自分がやります」と言った後輩の言葉に嘘はなかった。

本当ならば白水が行くべき会合に、老人ホームや病院の緊急時で都合が悪くなったときには、いつも嫌な顔ひとつせずに代役を引き受けてくれた。グループの広げ方を惜しみなく伝授してくれた。借金返済中なので、出張時のホテル代を浮かすために、彼がとったツインルームに白水がもぐり込んだこともたびたびあった。後輩に甘えて、できるかぎり経費をかけないでやれた。心苦しかったけれど、本当に有り難かった。

最初のうち、白水は彼しか見ていなかった。それが白水に幸いした。あとから考えてみれば、後輩はノニビジネスでかなり早いスピードで成功しているわけだったが、白水は彼しか見ていないので、そのスピードが巡航速度に見えていたのだ。つまり、ノニビジネスをきちんとやればこんなものだと白水は思っていたのである。

白水はとんとん拍子で収入を上げていった。

いまや白水のノニビジネスの守備範囲は、北は北海道から南は宮古島まで四六都道府県におよぶ。飛行機での移動は年間二〇〇回以上にもなる。ビジネスとして活動しているサクセスライン（グループのこと）は三〇〇〇名になった。磨きがいのあるリーダーを発掘し、彼らを成功へとプロデュースするのが白水の役割である。

白水が全国をこんなに飛び回っている理由は二つある。もともと人と会うのが大好きな性分なので、知らない街の生まれも育ちも違う人と会って盛り上がるのが面白くて仕方がないのがひとつ。もうひとつは、福岡にいると、どうしても老人ホームなどの仕事が気にかかるからだ。福岡では脳みそがノニの仕事一本になれないでいる。

ノニビジネスのために赴く出張先では、スイッチが切り替わって集中できるのだ。

卒業宣言

現在の白水の時間配分は、八対二ぐらいでノニに重きを置いている。経営する老人ホームや病院のスタッフに対して、白水はこう宣言している。

「縁あってノニビジネスに関わったおかげで、自分は借金を完済できました。いま自分がこういう生き方ができるのはタヒチアンノニ社からの収入のおかげです。もちろん老人ホームや病院の経営についてはみんながんばってくれているおかげだと認識しています。

両方とも中途半端にはしたくないので、六〇歳になるまではいまのスタイルでやらせてほしい。優先順位のいちばん、ビジネスの軸足はタヒチアンノニビジネスでやらせてほしい。六〇になったら、軸足を移します」

この宣言には背景がある。白水が経営者として関わっている福祉事業がグループ全体でかなり伸びているからだ。父から受け継いでいだときは従業員六〇人で五施設だったのが、一一年後のいまでは一六施設、従業員二〇〇人となり、売り上げ規模では五倍以上になった。今後は福祉のフィールドで知的障害者施設にトライしたいという目標もある。

この宣言はノニビジネスのサクセスラインにも伝わっており、白水自身にもグループ会員たちにもいい意味での緊張感を与えている。白水はサクセスラインにこう明言している。

「具体的には卒業までにダイヤモンドパール・エリートを一〇〇人は出したい。それが私自身に課しているノルマです。あと二年、後悔しないようにやりたい」

白水誓一は今年五八歳。二〇一三年三月が白水のタヒチアンノニビジネスの卒業式となる。

このジュースを広げることで世の中が変わると確信した
——齋藤浩一

いいモノは世の中にいっぱいあります。でも、これじゃなきゃいけないモノはそう多くはありません。このジュースは後者です
——齋藤はるみ

齋藤浩一（さいとう・こういち）・はるみ夫妻　二〇〇二年IPC登録

会社経営からスイッチする

齋藤浩一（以下、齋藤）「口コミのネットワークビジネス。僕がこのビジネスに入ったのはやはり声をかけられたからで、実は声をかけてくれた三人目の北川さんという方のときに入ったのです。でも、留学の会社、旅行代理店、コンピュータの販売会社を経営していたので、最初は丁重にお断わりしました。二〇〇一年夏でした。

会社経営者となるまでの道程をお話しましょう。僕は生来免疫力が非常に低く、三種混合ワクチンで仮死状態になったり、風邪をひいたらウイルスが背骨のなかに入って脳まで来て髄膜炎になったりで、医師から『この二、三日がヤマです』と言われたほどでした。

そういう経験から、人の健康をよくしたいという願望が人一倍強くて、鍼灸師《しんきゅうし》の道を選びました。ところが体をこわしまして、鍼《はり》を打ち続けることができなくなり、サラリーマンになりました。サラリーマンをやっていても体が弱いので、風邪をひくと一カ月ぐらい出社できません。あろうことか仮病扱いされ、サラリーマンも務まらなかった。

そんなとき松下幸之助の本に出会いました。自分が病気がちだったから経営で成功したような内容でした。それに触発され、会社を興してみようと思いました」

三人目の誘いを一度断わってからどうなったのだろう?

齋藤「一度お断わりしたのですが、北川さんの情熱が本当にすごかったのです。しつこさと情熱は紙一重で、僕の会社に週に一度はお見えになりました。彼はネットワークビジネスを何社か経験してきた人で、僕自身はこのビジネスに関してものすごい嫌悪感を抱いているクチでした。

自分の周りでやっている人が多くいて、その様子をずっと眺めてきたからでした。彼らは自分の自己実現のために、自分のライフスタイルを豊かにしたいと思い、ネットワークビジネスを始めたのですが、結局彼らの自己実現や豊かさとは、車であれば外車に乗って、いい家を建てて、ファーストクラスで移動するという即物的なものでした。

僕はそういうことにばかばかしさを感じている人間なのです。そんなばかばかしい自己実現のために他人を利用することにまったく興味がないし、そんなことに情熱を入れすぎて、結局借金を負っている人が多いのも事実です。だからそれを自分がやるということに非常に抵抗がありました」

それがどういうふうに心変わりしたのか？

齋藤「基本的には、その彼と人間関係ができ始めまして、仕事の関係上、どうしても義理で会員として登録しなければならなくなり、しかたなくジュースを購入しました。家で料理学校をしている家内の評判は散々で、あの臭いと味から腐っていると思い込み、全部流しに捨ててしまったのです」

はるみ「最初は捨てたジュースでしたけれど、他の人の評判はまったく反対でした。まずくても試す価値はあるかなと考えを改め、飲み始めてみてひと月ぐらいで、体の感じが違うことを自覚しました。そんな頃、北川さんからタヒチアンノニ社の招待旅行に誘われたのです。旅行先のタヒチで自己紹介を兼ねながら、参加者のみなさんの体験やノニビジネスについてお聞きして回りました。そこで初めて、世の中にタヒチアンノニジュースは必要なのかもしれないと感じ取りました」

世の中が変わると確信した瞬間

齋藤「同じ頃、僕がタヒチアンノニジュースを一人だけ紹介した友人から『齋藤さん、このジュースはすごいよ』と言われて面食らっていました。彼は分子矯正栄養学というアメリカの医学を学んだビタミンの専門家です。家内もタヒチから帰ってきて騒いでいるし、これはなにかあるのかなと閃きました。それから僕はタヒチアンノニ社と製品に関しての安全性をできるかぎり詳しく調べました。たまたまその年の三月に、国連から『社会貢献賞』をアメリカのタヒチアンノニインターナショナルが受賞したことを知りました。

そこで僕はこの会社のコンベンションに参加するためアメリカに行きました。二〇〇三年の一月でした。僕は経営者として、どうしてもこの会社のトップのビジョンや考え方を確認したかったのと、トップが本物かどうかはそこに集まってくる人間で決まると考えていたからでした。現地で『私は世界中の人たちにノニの恵みを届けたいのだ』と創業者のジョン・ワズワースから聞いたときには胸が熱くなりました。健康のことで困っている人を助けたいという僕の心の琴線に熱く触れたのです。

そのときです。タヒチアンノニジュースは人に広げる価値があるし、このジュースを広げることで絶対に世の中が変わるなと確信したのは。これがすべてなのです。原点なのです。

コンベンションに参加された方たちともじっくりと話して、この会社は人を大切にしてできた会社であることを理解しました」

ネットワークビジネス主催会社の多くは、このシステムで会社を成功させたいというのが最初にあって、商材をあとから探してくることもある。

齋藤「タヒチアンノニの場合は違うのです。ルーツを聞くと、あくまでタヒチアンノニジュースが先で、ジョンが作った。販売先になってくれる会社を必死で探したが断わられ続けた。『それだったら、ネットワークの口コミを使うことがいいのではないか』ということでネットワークビジネスを採用することになった。

僕は携帯電話販売の事業もやっていた時期があり、ある製品を売っていたときには池袋で行列ができて順番待ちになったことがありました。それも全部口コミでした。テレビで宣伝したわけでも、広告を打ったわけでもないのに、いいモノというのは口コミで伝わるということ自体は経験済みだったのです。ただ、それがネットワークビジネスとなった瞬間に駄目と、拒否反応が出てしまう人が多いと思うのですが、僕もそういう一人だった。

次は報酬プランを調べていくと、ものすごく人に優しいシステムになっているのです。強烈に自分が販売しなければ収入を得られないわけでもありません。

帰国後、ノニビジネスのプランをじっくり研究し始めました。ネットワークビジネスでいちばん問題になるのは、製品を買いこむことで本人あるいは紹介者が有利になることがあるために、ノルマがなかったにしてもシステム上必然的に買いこむことがよくあるのが現実です。

しかしこのプランをよく検討してみると、買いこみをするというメリットがまったくありません。たとえば一〇ケースまとめて何万円分まとめて買いこむ。通常の代理店でも、いままでは三〇パーセントオフの掛け率が、ある成績を達成すると五〇パーセントオフで仕入れることができる、ということが世の中の常です。これはネットワークビジネスに限ったことではありません。

けれども、ノニビジネスはそういうシステムではなかった。初めて今日登録して買う人も、一〇年前に購入した人も、同じ金額で購入することができる。まして自分が在庫を持って購入することが紹介者、あるいは本人の収入を得ることにつながらない。したがって、これは買いこみをする人たちが出てこないのではないか。もしかしたら、正しいネットワークビジネスを伝えることも社会貢献につながるのではないか。そう思いました。

きちんとした法人格を持った形でスタートしたのは一年後でした。いまはノニに専念しています。

東京でタヒチアンノニの説明会がよく開催されたのですが、僕はそれに一人で通いました。僕は行くたびに、隣の人に「なぜノニを飲んでいるのですか？」「なぜノニをビジネスにされているのですか？」といったインタビューを一〇〇人以上に行いました。

ビジネスを僕にやらせたいがために紹介してくる人はウソをつくことがあるので、第三者の意見を聞きたいと思い、それをノートにとったのです。

事実はどうなのか、物事の本質は何なのか。そこのところに僕はこだわっていました。会社経営者だったからかもしれないし、性格なのかもしれません。でも、事業として考えるときには慎重にならざるをえません」

お金がすべてではないことを知らされる

はるみ「主人がノニビジネスを事業として始めるのを決めるまでは、私は自宅の料理教室のなかで、仲間のみなさんとお茶やご飯をしながら、『このジュースは試してみる価値があるよ』とだけ伝えていました。愛用者が愛用者に伝える形で、一年で五〇〇人ぐらいの方に伝わりました。そうすると、システムの性質上、相当な額の収入をいただけるようになりました」

二〇〇四年四月から有限会社を立ち上げビジネスとして始めるまでにすでに土台ができていた。そのうえIPCのためのトレーニングプログラムについてはかなり工夫、努力していたようだ。

齋藤「うちのIPCには主婦が多く、これまでまるっきり仕事をしたことがない人もたくさんいらっしゃいます。そこで『なぜ人に自分がいいと思ったことを伝えることが社会の貢献に繋がるのか』『なぜ自分がいいと思ったことを独り占めしてはいけないのか』そのあたりをまず理解していただきたいと考えました。もう自動車教習所みたいなところからのスタートで、ビジネスうんぬんではなくて、価値観の共有を目指しました。
聞かれれば多少はしますけれども、ビジネスやお金の話はほとんどしません。うちのグループには、おそらくいままでも私たちより収入を得ている人が多いので、『このビジネスで成功して稼ぎましょう』というトークは使えません（笑）」

はるみ「そういうビジネスの話にはたいして魅力に感じてくれない。心に響かないのです。それよりも、ノニで人の役に立ちたい。ノニが日本の食文化になり、将来の日本をノニで変えることができる。人助けになる。そうしたボランティア的な要素で共感していただける方がとても多いのです。ノニに惚《ほ》れ込んで、そして自分がこのビジネスとかかわることで自己成長ができて、人の役に立てる。そこに大きなメリットを感じておられるのだと思います」

齋藤「うちのグループのなかでお金をプライオリティーにされている人は、僕の見立てでは二割程度ではないでしょうか。

どういう人と出会うかで人生は変わります。僕はノニビジネスとは、ノニを本物と理解できる人たちの集まりだと思っています。だから、どういう人と出会えるのか、その人からどういった影響を受けるのかがとても楽しみなわけです。

僕自身がアメリカで最初に感じた、このジュースが世の中を変えられると感じたのが原点です。ネットワークビジネスとは『この指とまれ』の話なのです。どの指を出すかによって、集まってくる人が変わってきます。

たとえば、『これで健康になりたい人よ集まれ』とする人もいるでしょうし、『これで成り上がろう』とノニで成功してお金でライフスタイルを変えようという呼びかけに集まってくる人もいるでしょう。言い方によって集まってくる人は違います。

僕のグループには、ノニが世の中を変えられるのではないかという部分に共感して集まってくる人がいちばん多いということでしょうね」

齋藤自身は説明会でしゃべることはほとんどない。それで人は集まるものなのだろうか、疑問を聞いてみた。

齋藤「最初からしていません。僕はあくまで自分が主役にならないことを考えています。人前で話すのが非常に苦手で、避けています。主役になるのは僕が伝えた方のなかから人前できちんとしゃべれて表現できる人にお願いしています。あるいはスペシャリストたちに話していただいています。

口はばったい物言いですが、僕はあくまでプロデューサーに徹していますし、マネジメントもやっています。要は、聞いている人はどうなのか。そういう視点でしか見ていないし、それがいちばん重要ではないですか」

はるみ「自分の周りにいる人たちが、ノニに関わって良かったと、それが健康的なことなのか、経済的なことなのか、その人の望むところまでお手伝いするのがこれからの私たちの仕事だと考えています」

齋藤「収入に困っている人がいれば、もちろん収入を取らせてさしあげたい。その人の事情により、当然ながら僕らのアドバイスも変わってきます」

夫婦でビジネスに参加する意義とは

齋藤夫妻は夫婦がビジネスパートナーというスタイルになる。言い方を換えれば家族経営の会社でもある。家族経営をうまくやっていくコツを聞いてみた。

はるみ「最初は主人と同じ仕事をすることに強烈な抵抗がありました。なぜならば、主人は仕事に対して妥協を許さず、大変厳しいところがあるからです。きっといろいろ言われるに違いない。居心地が悪いだろうなという思いがありました。それまで主人が経営してきた会社にも一切タッチしなかったのもそのためでした。それに家でも一緒、仕事でも一緒ではお互いに息が詰まって、逃げ場がなくなるのではないかと思っていました。

ところがこの仕事を始めて、だんだんたくさんの人と関わることで、実はいままでお互いに見えていなかったプラスマイナスが見えてきたのです。最初は一足す一が二にならなくて、それが見えてくるとそれが三になり五になり一〇になって、ある意味誰よりも強いパートナーになったのかなと感じています。

得意分野と不得意分野がお互いにちょっとずつありますし、性格面の違いもあります。それをお互いにうまくカバーできているのではないでしょうか」

齋藤「ノニを始める前は家庭が壊れるぐらいのすれ違い生活でした。僕は経営者だったから、朝帰りの毎日が続いていて、夫婦の会話の接点がほとんどありませんでした。共通の話題もなかった。もちろん子供とのコミュニケーションも少ない。

ノニを一緒に広げるためにどうしたらいいのか。ノニを広げたらすごいことになるという共通のビジョンを持てたことが良かった。それに対してお互いに真剣に話し合ううちに、自分の持っていないものを相手が持っていることに気づきました。

彼女の場合、基本的に人柄が非常にいい。粘り強くて諦めない。根性がある。そういったところがこのビジネスにおいては強みになったと思います。僕の場合には、集中力とあとはプロデュースする力、経営感覚でしょうか。彼女は僕にそこを求めてきていると思っています。

たぶんそれが嚙み合ったときに、人と人とのコミュニケーションをとることが生命線であるこのビジネスに、相乗効果のパワーが出たということでしょうね。

基本的に世の中には男と女しかいません。男女が一緒にビジネスをすれば、非常に間口が広いビジネスができるので、夫婦のうち一人だけで取り組むよりははるかに可能性が広がると思います」

齋藤への取材のテーマのひとつに、経営者としてノニビジネスをどう捉えているかということもあった。在庫費用もかからないし、初期投資費用もそんなに高くはない。オフィスを構える必要もない。そのあたりの計算はあったのだろうか。

齋藤「経営者の立場からこのビジネスについて述べれば、当たり前のことですが、人件費がかからないということです。会社は人が構成するものですから、会社を伸ばそうと思えばいい人材を雇い入れるしかない。でも、そうするとコストがかかります。ところが、ネットワークビジネスの場合、いい人材を引き入れることで給料を払う必要がまったくありません。経営者としては非常にいいことなのです（笑）」

最大の魅力は製品としての間口の広さ

高谷功（たかや・いさお）　一九九九年IPC登録

大きかったブライアント・ワズワースの存在

脱サラ後、浄水器、健康食品の製造販売会社を経営してきた高谷功がタヒチアンノニジュースに出会ったのは一九九八年一一月。

「来年日本に上陸してくるジュースの取り扱いをしないか」

サラリーマン時代の先輩と先輩の知人であるイギリス人の二人からの誘いだった。まだ日本での正式な発売はされておらず、高谷も未知の商材だったため、にべもなく断わった。

しかしよくよく考えてみると、アメリカでの一年目、二年目の売り上げに目を瞠《みは》るものがある。しかも当時の日本にはタヒチアンノニジュースのような「液体の健康食品」という製品が見当たらない。強いてあげればアロエジュースがその範疇《はんちゅう》といえた。とにかく高谷がそれまで扱っていた健康食品はソフトカプセル、粉、粒で、健康ジュースのスタイル

郵便はがき

料金受取人払郵便

芝支店承認

7133

差出有効期間
平成24年8月
31日まで
切手はいりません

1 0 5-8 7 9 0

107

東京都港区芝3-4-11
芝シティビル

株式会社ビジネス社

愛読者係行

ご住所　〒 TEL：　　(　　)　　FAX：　　(　　)		
フリガナ お名前	年齢 歳	性別 男・女
ご職業	メールアドレスまたはFAX メールまたはFAXによる新刊案内をご希望の方は、ご記入下さい。	
お買い上げ日・書店名 年　月　日　　市区町村　　書店		

ご購読ありがとうございました。今後の出版企画の参考に
致したいと存じますので、ぜひご意見をお聞かせください。

書籍名

お買い求めの動機

1　書店で見て　　2　新聞広告（紙名　　　　　　　　　）

3　書評・新刊紹介（掲載紙名　　　　　　　　　　　　）

4　知人・同僚のすすめ　　5　上司・先生のすすめ　　6　その他

本書の装幀（カバー），デザインなどに関するご感想

1　洒落ていた　　2　めだっていた　　3　タイトルがよい

4　まあまあ　　5　よくない　　6　その他(　　　　　　　　　　)

本書の定価についてご意見をお聞かせください

1　高い　　2　安い　　3　手ごろ　　4　その他(　　　　　　　　　　)

本書についてご意見をお聞かせください

どんな出版をご希望ですか（著者、テーマなど）

はなかったのである。

当時はちょうど栄養補助食品から機能性食品へとトレンドが変わる時期だった。はっきりと健康に役立つものでなければ売れないのではないかと言われ始めていた。そして機能性食品が売れる条件として、臨床データなどのエビデンス（証明）がしっかりしていなければ駄目だとも言われていた。

さまざまな角度から調べていくうちに、日本でまだ知られていない分、大きなチャンスがあると思うに至った高谷は、九九年一月にタヒチアンノニインターナショナルインクのアメリカ本社で経営陣に面会した。話を聞いて三カ月目に即行動。その場で本格的に日本に進出するのを確認したあと、帰国してＩＰＣ登録を行った。

それまで続けてきた仕事の売り上げが下火になってきたこともあり、高谷は本格的にノニビジネスに取り組むことを決めた。販売代理店や卸的な仕事をしてきた高谷にとって、ネットワークビジネスは初めての経験で、やはり抵抗感はあったようだ。

「最初はやはりありましたね。それを取り除いたのは、アメリカに行って会社を自分の目で確かめたことがひとつ。ここは『製品ありき』の本来のネットワークビジネス会社と自分で調べて納得したことです。もうひとつは、日本への上陸当初、責任者として来られたブライアント・ワズワース氏の存在でした。僕はこの人物が関わっているのであれば間違いないだろうという安心感を持ちました。昭和天皇の戦後初訪米の際、農務官僚で通訳としてアメリカの農場視察に同席されたといった経歴や、折に触れてブライアント氏の人柄に触れられたことも大きかったと思っています」

ただ、髙谷自身はビジネスの仕組みについてよく理解していなかったため、最初は二カ所にグループ登録していたほどだったという。ビジネスを始めて三カ月後に修正して、一本に絞った。そこでようやくひとつの立場でしっかりと自分たちの流通組織をつくるのが肝要なのだと理解できた。

集金業務のストレスから解放された

髙谷にはタヒチアンノニのビジネスにたずさわってみて実感したことがいくつかあった。なかでも助かったのが集金しないで済むシステムであった。

「それまでのビジネスでは毎月の集金業務が大変なストレスになっていました。それがタヒチアンノニのビジネスは無店舗で、なおかつ出荷も返品も会社がやってくれます。定期購入（ケースオートシップ）システムはこの会社が初めて導入したもので、ひとつの製品を定期購入することで安く購入できるという概念が非常に面白く、かつ斬新でした。

しかもそれが一ケース約二万円と製品価格が高いわけですから、定期購入者が増えていくならば、本当に面白いビジネスになると思いました。またジュースはテレビなどの耐久消費財とは違って消耗品です。しかも四本入っていますから、みんなで分けられる。非常に面白い発想だなと思いました」

タヒチアンノニジュースの最大の武器は「間口の広さ」ゆえのリピート性の高さであった。普通は健康食品というと、必要としている人が自分の分を買って飲むのが基本。あるいは仕事として考えれば、自分が飲まなくてもそれを卸して売っているのが大半である。

「ところがタヒチアンノニジュースは違うのです。家庭の冷蔵庫にタヒチアンノニジュースが一本入っていることによって、その良さに気づいたおじいちゃん、おばあちゃんから、赤ちゃん、妊娠中の奥さんまでの全員がこのジュースを飲むようになるわけです。

一人が僕のグループに入ると一家のみなさんにこのジュースを飲んでいただけるようになるので、消費が非常に増えるわけです。しかも犬や猫に与えたり、植木にかけたりとか、とんでもない使い方もあるわけです。つまり、非常に間口の広い製品なのです。

それまで僕がメインのひとつとして扱っていた健康食品は購入者本人しか飲まないもので、しかも一箱二万円のソフトカプセルでした。タヒチアンノニジュースは同じく二万円するけれども、四本入っているので誰にでも分けられて、しかも間口が広い。しかも液体で、消耗品であるということで、リピーターが増えるだろうと確信しました」

長年健康食品のプロフェッショナルとしてビジネスにかかわってきた髙谷は、ノニと他の健康食品との違いをこう説明する。

「どんなに優れた健康食品であっても、発売から日を重ねれば重ねるほどお客様は徐々に減っていきます。それがまた、健康食品業界の常識になっています。ところがタヒチアンノニジュースについてはやめる人が少ない。もし一度やめて違うものに替えても、またタヒチアンノニジュースに戻ってきます。何度も経験しているので、これには驚かされます。これもひとえに製品力のおかげで、他ではありえないことだと思います。

ですから、売れ筋はずっとタヒチアンノニジュースです。いまの消費者はそんなに多くの商材をあれもこれも望みません。バブル経済のときであればそれも可能だったでしょうが、いまは健康にかける費用は限られています。あくまでも根幹はタヒチアンノニジュースで、それに付随するものが出てくれれば、それはそれで僕はウェルカムです。さまざまな人々のニーズに応えられれば、会社全体の売り上げが大きくなるのですから」

ノニビルの裏に都庁がある

高谷自身、人にモノを頼んで、人にやってもらうほうが好きなタイプだと告白している。だが、自らのグループを拡大しなければならないこのビジネスではそうはいかない。高谷流のタヒチアンノニの普及活動、IPCの活動はどのような形で行われているのだろうか。

「最初の入口がランチ会になっています。そこから気軽に入ってきてもらい、ノニの良さに気づいた人に健康に対する話をさせてもらって、少しずつノニについての興味を喚起していきます。ノニを隠し味に使った料理を二、三品作って食べていただきます。ノニリーフティーを使ってご飯を炊いたり、さまざまな料理に混ぜたりして、健康志向の食事をみなさんに提供しています。それで興味を持ってくれた人には本社に来てもらったり、説明会に連れていったりしています」

IPCには東京のタヒチアンノニビルで説明会を行ったり、グループでティーパーティ、ホームパーティ、あるいは実践形式でトレーニングを行ったりしながら、啓蒙《けいもう》活動を行っている。そんなとき、タヒチアンノニ社が自前で本社ビルを持っているのがビジネス面での強みになっているという。

「これは非常にありがたいです。僕たちはよく、『ノニビルの裏に都庁がある』と半分本気で言い合っています。まずは初めてのお客さんに西新宿のノニビルに来ていただいて、ノニの文化に触れていただく。これでかなり信用度が高まります。その意味でこのロケーションはすごくありがたいです。一階がカフェレストランなので気軽に入れ、いつしかそれがお客さんへとつながっていきます」

ケースオートシップシステムの盲点

高谷は長らく健康食品の販売代理店を経営してきた経験から、最近、タヒチアンノニの売りものであるケースオートシップシステムに意外な盲点があることに気づいた。

「このシステムは、一度契約してもらえば、お客さんに毎月定期的に製品が届きます。ということは、僕たちが電話したり訪問したりして、『いかがですか？』と確認しなくても済むわけです。その半面、お客さんを放置しておく可能性がある。これはある意味では大変危険なのです。お客さんとは基本的には浮気性ですから、ジュースの魅力に胡坐《あぐら》をかいていてはいけないということです。僕たちIPCもとりこぼしのないよう対応しなければなりません」

それを克服するには、タヒチアンノニがどういうものであるかをテレビCMで告知する必要性があるのではないか、と高谷は思っている。テレビにイメージCMを打って関心を高めることで、継続率が高められるはずだからだ。ネットワークビジネスの業界はテレビではあまり広告を打たないことで知られるが、いまそこに気づいた数社はテレビのイメージCMをすでにやり始めている。

これまでは口コミなので、どうしても伝えた人の人間性や資質が問われてきた。そこを逆手に取るならば、テレビCMにより製品価値を高められ、顧客の固定化にもつながるというわけである。

まだまだ発展途上の段階

高谷はタヒチアンノニ社について、「こんなにネットワークっぽくないネットワーク企業はない」と言い、その一例としてアクセスマーケティング戦略を挙げている。アクセスマーケティングとは特定顧客に向けてのダイレクトマーケティングだけでなく、さまざまな市場にアプローチを仕掛けられる手法である。

「考え方が面白いと思います。ネットワークや訪問販売などの無店舗販売の形態の売り上げは、だいたい全体のパイを一〇〇とすると一三パーセント程度でしかありません。残りの八七パーセントはスーパーや専門店などさまざまな小売店舗で品物を購入しています。この八七パーセントの人たちにいかにしてノニの存在を知ってもらおうかと、さまざまなチャンネルにアクセスしています。日本ではナショナルブランドのメーカーとコラボで製品開発し、ダブルブランドで一般の小売店に流通させようとしています。

そうした流れのなかには、ノニを活かしたアグリカルチャー（農業）もあって、収穫した農産物はマーケットでとても人気が高いのです。農薬や肥料を使用せずに自然由来のノニを土壌に加えて作物を育てる農法です。モリンダ農法といって、初代日本支社長のブライアント・ワズワースの研究によるものです」

タヒチアンノニは徐々に知られてきたとはいえ、まだまだ発展途上の段階にある。それだけに伸びしろは大きいと高谷は期待している。

「特に東北地区などではまったくと言っていいほど知られていません。ようやく小さな土台ができたばかりの状況で、これからそこに大きなビルを建てていけるような可能性があります。現在の売り上げについても、僕たちはぜんぜんよしとしていませんし、おそらく一兆円企業になる可能性を秘めています。

会社がＣＳＲ（企業の社会的責任）の向上を目指して、スタッフやＩＰＣ会員の方々に対して質の高い教育を実施しています。またフレンチポリネシア政府と協力して、教育に対する援助を積極的に行い、国の発展に努めていること。そして同国最大級の産業に成長させ、多くの人々の雇用を生み出してきました。何よりもまして、世界中の人に最高の健康を提供してきたので、大変な社会貢献といえます。

一〇〇年にひとつ出るかどうかの本物の製品を『品格』と『謙虚』をモットーに広めていきたいと思います」

家族に理解してもらって取り組んだほうが早く成功をつかめる

濱内明美（はまうち・あけみ）　一九九八年IPC登録

運命の電話

大手電機メーカーに事務営業職として長年勤めてきた濱内明美は五〇歳のとき、早期退職制度を利用して会社を辞めた。彼女は何か自分に合った仕事があるのではないかという気持ちを在職中から三〇年近く持ち続けていた。

会社では三重工場で営業窓口という責任ある事務職を任されていた。朝は七時半に家を出て、夜の七時、八時に帰宅するという生活が続いていた。会社での仕事は自分なりに一生懸命に責任をもって働いてきたけれど、その片方でもっと自分にふさわしい仕事はないものかと、毎日のように新聞広告を見ていたという。

会社を辞めたのは、タヒチアンノニのビジネスをスタートしたからではなかった。濱内が語る。

「主人のアトピー症状がひどくて病院に行ってもなかなか治らないことが、私が健康に目覚めるきっかけになりました。そんなときに、知人からマイナスイオンの下着と健康機器の仕事をやってみないかと声をかけられました。たまたま会社から早期退職の募集が出ていて、これが私のチャンスかなと判断して退職を申し出たのです。注文を知り合いからたくさんいただいたこともあり、そこそこいい調子でした。

あるとき、健康機器の仕事を紹介していただいた兼綱さんという方から電話があって、『タヒチアンノニジュースのビジネスがアメリカから入ってくる。アメリカで大成功したものだから日本でも絶対に成功すると思う。福岡の説明会、そして名古屋でもあるから参加してみたらどうか』と聞かされたのです」

それが運命の電話となった。

濱内の住まいは四日市。名古屋は目と鼻の先である。福岡の説明会に参加した濱内は知り合いを一〇人ほど誘って、名古屋の説明会に参加したほど。まだタヒチアンノニ社が正式に日本上陸していない一九九八年の一一月のことだった。

そこでタヒチアンノニジュースがもつ自然の力がどれほど健康維持に役立つのかを聞いた濱内は、そのとき扱っていた健康機器よりもジュースのビジネスのほうが断然人に伝えやすいと思った。いや、タヒチアンノニジュースのストーリーに心が震えたのだ。このジュースの魅力に心を突き動かされた濱内はすぐに登録を終え、それからただただ周囲の人たちに伝えるために歩き回った。

持ち出しゼロでファストスタートボーナス獲得

結果は早々にでた。濱内はわずか一カ月でジェードという第二段階にあたるリーダーシップのポジションをとれた。コーラルを飛び越しての二階級特進である。

タヒチアンノニの報酬プランはよく練られていて、登録したばかりでコミッションの低い位置にいるIPCに対して、新規契約してスタートした二カ月間は定められた条件を満たせば、ファストスタートボーナスが出る仕組みになっている。

幸運にも濱内はその対象になり、製品の支払いよりも先に報酬が入ってきた。当時はアメリカ登録。クレジットカード支払いで製品のジュースを購入するので、実際に口座から金額が引き落とされるのは翌々月になるからだ。

このとき振り込まれた金額は、ボーナスから製品代金を相殺したものだった。結果的に

タヒチアンノニ社のファストスタートボーナス

レベル	1レベル	2レベル	3レベル	4レベル	5レベル
あなた	第1世代	第2世代	第3世代	第4世代	第5世代
ロイヤリティ	20%	5%	5%	5%	10%

新規IPC（独立プロダクトコンサルタント）用

濱内は自分の財布から持ち出しゼロでボーナスを獲得したことになる。

人と人との縁の力

濱内はスタートダッシュに成功した要因を、早めに夫に理解してもらったことだという。

「最初主人からは、健康機器の仕事から新しい仕事に変えたら信用をなくすのではないかとは言われました。私はタヒチアンノニジュースの素晴らしさを、大切な人に必要であることを挙げて説明を続けました。本当に理解してもらったのは、当時アメリカから社長が来られて大阪で講演があって、主人にも参加してもらったときでしょう。それを境に主人が応援してくれるようになりました。サラリーマン時代は洗濯機もまわせない人だったのに、家のことはすべてやってくれるようになりました。

たしかに家事すべてをやりながら、このビジネスで早く成功するのは難しいかもしれません。ノニビジネスをご主人に内緒にしてやっている人たちも結構いらっしゃると思うのですが、私はやはり、家族にきちんと理解してもらって取り組んだほうが早く成功をつかめると思います」

ビジネスよりもジュースの良さを伝えたかった濱内は、伝えた人がみな掛け値なしに喜んでくれるのが嬉しくて、毎日に駆け回った。大好きだったゴルフもやめてしまう。ノニを伝えることがそれだけ楽しかったというか、生き甲斐になっていったのである。

「出張は頻繁でした。いったん東京に行くと、東京を拠点に埼玉に行ったり、仙台まで足を延ばしたりしていました。紹介者がどんどん出てきたのは、自分の力ではなくて、人と人との縁の力、ハンパじゃない製品力、会社、リスクのないシステムと実感しました。また収入面で言いますと、始めて一年が経ったときには月収二〇〇万円を超えていましたから、ＯＬ時代と比べると嘘のようでした」

いかに研鑽を繰り返して優れた人材を育てるのか

濱内のグループの特徴は、ジュース以外の製品もよく売れていることである。

「スキンケアの製品がかなり人気です。私たちのグループでは、ノニや健康についての知識を広めるミーティングは週に三回程度開催しています。それ以外に、ノニの化粧品の講習会を週に一回は開催しています。そこで化粧品の使い方をトレーニングするのです。

私たちは三重でジェード会という組織を作っていまして、メンバーはそれぞれ得意な分野を担当して、健康、ビジネス、製品の説明のレベルを上げるよう努力を重ねてきました。どう伝えたらいいかを訓練したのです。おかげでプロとは言わないまでも、かなり高いレベルで、ほとんどのジェードの人が話せるようになっています。化粧品のほうもやはり、そちらの方面に詳しい経験者、たとえば化粧品の仕事やエステサロンを経験された人が指導して、それを受け継いだ人にリレーしてもらっています。

もうひとつ、私たちのグループの特徴は元教師の先生だった人が多くいることでしょうか。いろいろな工夫をされて、頼もしく思っています」

グループの会合の場所は、普段は濱内の自宅内にしつらえた勉強会のためのセミナールーム。ただし三〇人が収容限度なので、それ以上に増える場合は公的な会場を借りているという。濱内の現在のタイトルはトップレベルのマルケサスクラブ。五〇歳からスタートしてここまでのぼってきた。成功のコツは何なのか。

「お話ししましたように、グループのみんなが同じくらいのレベルになれるように、ひたすら反復練習を行ってきたことかなと思っています。一人だけが突出してできる人がいても、このビジネスでは限界があるのです。いくら一人のリーダーが優秀でフォローできても、せいぜい三段目くらいまでです。タヒチアンノニ社の報酬システムを考えた場合、いかに研鑽を繰り返して優れた人材を育てるのかが分水嶺となってきます。また会社の提起しているキャンペーンにグループで参加したことが大きな組織づくりにつながったのだと思います」

勉強会に参加しただけで、自分もノニビジネスをやっていると勘違いしてしまう人がいると濱内は指摘する。やはり、ノニは人に伝えていかなければ意味がない。漠然と勉強会に参加するよりはきちんとした目標を持って行動することである。

自分がノニを伝えた人にビジネスで成功してほしい。それに尽きます、と濱内は締めた。

一人ずつ伝えるようなスピードでは間に合わない

松崎三和子（まつざき・みわこ）　2007年IPC登録

マイナスのドツボの日々からの脱出

松崎三和子の夫は建築関係の職人で、もともと健康に自信満々でトライアスロンまでやっていた。ところがある日を境に、「だるい」と言って家でゴロゴロするようになった。六〇歳のときだった。

その後病院の検査でC型肝炎だったことがわかり、昭和医大で検査すると即検査入院、肝臓の数値が日に日に悪くなっていった。

「入退院を繰り返していた頃、私にタヒチアンノニジュースを伝えてくれた人がいましたが、馬耳東風といった感じで受け流していました。それまでに周囲からさまざまな健康食品や治療法を勧められて、すべて試しているところでした」

当時の三和子は介護の仕事に従事していたが、そのうち自分は主人の介護で一生を終えるのかと時折考えるようになり、まったく外向きの考えができない状態になってしまった。

三和子いわく「主人も私もマイナスのドツボに入ってしまった」ようだった。

インターフェロンの治療を行うことになったが、経済面の不安もあるうえに、副作用でうつ病になるかもしれないリスクもあった。

結局、インターフェロンが体に合わず、自宅療養のため退院したとき、夫が車のハンドルを握りながら三和子にこう言った。

「人間はいつか死ぬんだよ。お前一緒に死ぬことは万が一じゃなきゃないから、オレが先にいくかもしれない。でも楽しい人生だった。いろいろとありがとうね」

三和子は夫の横で号泣した。いまから五年ほど前のことである。


落ち込む日々のなかで三和子は、以前パートで働いていたコンビニの店長と偶然に出会った。郵便局で突然肩を叩かれたのだ。久しぶりに店に連れて行かれ、仕事の紹介を受けたり、積もる話をしたあと、帰りがけにタヒチアンノニジュースを一本もらった。

存在そのものは二年前に知っていた。小冊子が付いていて、それを見たら、いろいろな情報が書かれていた。これまでさんざんこの種のモノに裏切られてきた三和子は、「きたな」

と思ったという。

「主人も見向きもしないので、私が飲んでみました。ボトルを開封したとたんに臭いと思いました。そしてまずい。それが第一印象でした。ただ、私はネットや書籍などを通じて、本気でノニについて調べ始めました。沖縄でノニを食べさせたら、病気の犬が元気になったというのです。家には後ろ足が立たなくなった一六歳の老犬がいるので、スポイトで数摘一週間ほど飲ませてみました。

二週間後、ジャーキーを欲しがる犬の姿に主人は本当に驚いたようでした。タヒチアンノニジュースを一気に飲み干して、『うまい』とうなずいたのです。『このジュースを飲んでいたら、次の検査は恐くないよね。これ以上良くはならないかもしれないけれど、検査は恐くない』そう彼が言ったとき、わたしの全身に鳥肌が立ちました。

私にとっては何でも良かったのです。これがお酢であっても良かった。そして、これからはこのジュースのために私は働けばいいんだと思ったのです」

とんだ浮気騒動

元気を取り戻した夫だったが、三和子がビジネスとするのには大反対だった。それは価格が高すぎるのと、ネットワークビジネスに対して抱いていた最悪のイメージからだった。

かたや三和子はこう決めていた。

「せっかくタヒチアンノニを勧めてくれた人がいたのに、かたくなに二年間飲まなかった。もしその二年前に素直に話を聞いていれば、私たちはもっと早く楽になれたはずです。だから、タヒチアンノニを知らずにいる人に絶対に早く、しっかりとタヒチアンノニを伝えないといけないないと思った」

だが、三和子は遠回りをすることになる。

もともと技術を頼みとする職人で、汗をいっぱいかいて働いてお金をもらうのが仕事だとかたくなに信じている夫には、このビジネスは人の上前をはねてお金を儲ける浅ましいものにしか思えない。

「でも、わたしはタヒチアンノニを広めたい。だって、待っている人がいるし、私たちも待っていたわけじゃない」

いくら三和子が説得しても駄目だった。

ただそのうちに介護施設の仲間から「タヒチアンノニのお話をしてくれない」と頼まれることがだんだん増えてきた。家で打ち合わせの電話をするのを夫に嫌がられた三和子は、仕方なく近くの公園で電話をかけていた。

ある日、彼女は団地の友人に呼ばれてこう言われた。

「あなたのことが大好きだから教えてあげるけど、あなた、浮気してる？」

「なんで？」

「旦那さんが病気をしているから、夜、あなたが外で男の人に電話しているのは絶対に浮気だって。団地中の噂だよ。大騒動になってるよ」

一部始終を聞かされ、「ばかなことを言いふらしているのはどこのどいつだ！　ここに連れて来い！」といきり立つ夫に向かい、三和子はそれまでにない強い調子で言った。

「いま私たちがこんなにタヒチアンノニで幸せになっていることを広めなきゃならない。私はそれを使命だと思っている。そのためには誰からも何も言われたくない。ノニを伝えるために、もっとちゃんとした態勢をつくりたいの」

夫は「わかった」とうなずいたが、その一方で、「でも、オレはやらないよ」とも返した。

駆り立てられた使命感

三和子をビジネスに駆り立てたのは、ノニの恵みを一人ずつに伝えるようなスピードでは間に合わないという強烈な使命感に押されたからだった。

「伝えた人にタヒチアンノニを選んでもらえるかどうかわからないけれども、自分はきちんと伝えるミッションを持っている。これは私たち夫婦がノニに出会えた感謝なのだから、感謝の輪を広げなければいけないと思い、ビジネスをするようになりました。

タヒチアンノニジュースを飲んでくださる方を一人ずつ探すことももちろん大切だと思います。でも、世界の隅々にまで早く、ノニを待っている人に伝えるためには、一人ずつ伝えるようなスピードでは間に合わないのです。ということは、ノニの良さを伝えてくれる人を探さなければならないという目線に私が変わったのです。

それから私は私と同じ思いを持つ人たちを引き寄せることに専念しました。そうすると、いままではジュースを飲むだけで自分は伝えないと言っていた人が『一緒にやろう』と言ってくれるようになったのです。そういう人がどんどん増えてきています」

これは三和子自身も変わったけれども、タヒチアンノニを飲んだ第三者をも変えることができるようになってきたということなのか。

「私が変わると、それを見て変わってくれる人がいるのです。それが私には嬉しい。その変わった彼ら彼女らを見るのが何よりも嬉しいのです。月例会で表彰される人がいます。何人リクルートしたとか月間賞を受けるためにそこに立つ彼らを見たときには、わが子のことのように喜んでいます」

オレだって本当は変わりたい！

ところで気になるのは三和子の夫のことである。徐々にではあるが、このビジネスに対する抵抗が薄くなり始めた頃、三和子が参加する会合に夫婦で出席することになった。

そのときのテーマはチェンジ。「ノニに出会ってチェンジした人、チェンジしたいと思っている人に話してもらいたい。松崎さん夫妻に出てもらいたい」と三和子たちのグループリーダーである萩原隆（前出）に頼まれた。

萩原の前で夫がこう訴えた姿を三和子は忘れられない。

「オレだって本当は変わりたいのです。でも、どう変わっていいのかわからない。ノニが良いものだとわかっているけれど、自分がどうしていいのかわからない。でも、変わりたいのです」

萩原は微笑みながらうなずいた。

「そのままでいいのです。飾らなくていい。悩んでいたら、自分はいまこうして模索しているところだと言っていただいて構いません。ありのままのご夫婦の姿をみなさんに見ていただいてください」

夫婦は一五〇〇人の仲間の前で、思いの丈《たけ》を語った。

そのときの映像を収録したＤＶＤを見ると、三和子はいまでも泣いてしまうという。

自分のタヒチアンノニジュースをタダで飲めるようになろうよ

岡山佳代（おかやま・かよ）　二〇〇〇年IPC登録

タヒチアンノニジュースを催促してきた三人の叔父

いまから一一年前、岡山佳代は通っていた美容サロンの美容師から、タヒチアンノニジュースの説明とビジネスへの誘いを受けた。すぐにネットワークビジネスのことだとピンときた。

その頃の佳代には、このビジネスに手を染めている人は、どちらかというと自分たちよりも生活レベルが下という感覚しか持てなかった。そこで佳代は「そういう話をするとお客さんがいなくなるよ、やめたほうがいいよ」と逆提案に出たのだった。

しかし、いくら佳代が親身に忠告しても、彼はあまりにも真剣で「説明会に参加して話だけ聞いて感想を聞かせてほしい」と引かない。いちおう折れた形で、当時は目黒区青葉台にあったタヒチアンノニ ジャパン本社に出かけた。

「もちろん騙されたくないので、断わるつもりでした。彼のアップラインがいらして、説明してくれたのですが、どう見ても胡散臭《うさん》い。先入観があるので、やっぱりネットワークは嫌だなと思いました。それで断わる理由付けを探しながら一生懸命聞いていたら、どうもそれがあまり見つからないのです」

なんとかアラ探しを試みていたら、日本支社長のブライアント・ワズワース（当時）がひょっこりと顔を出してきた。

会社への疑念を顔にありありと浮かべている佳代に対して、ワズワース支社長は日本語でこう言った。

「オフィスのすべて見ていってくださって結構です。きょうはこの部屋をあなたのために開放しましょう。机の引き出しも開けて、書類をご覧になってください。電話のやりとりもどうぞ聞いてください。それであなたが納得されて、私たちのお仲間になっていただくことを私は希望します」

どうぞごゆっくりと、ワズワースが部屋からいなくなったとき、佳代は、この会社は開けっぴろげだ。普通のネットワークの会社とは違うのだろうなと直感した。

「それでとりあえず登録して、タヒチアンノニジュースを一ケース四本入りを購入しました。飲んでみたらまずかった。私が飲めないジュースなんかを人に伝えられない。たとえいい会社でも流通しない製品では失敗すると思い、しばらく車に積んだままにしてありました」

残りの三本をどうしたものか。いい使い道はないかと考えをめぐらした佳代は、父の三回忌の席に集まった三人の叔父たちに一本ずつ「健康ジュースをどうぞ」と渡したのである。これでやれやれ片がついたと思った。

すると翌日三人すべてから電話がきた。三人とも一日で一本を空けてしまい、もっと飲みたいと催促してきたのだ。「本当なの?」と逆に佳代が聞き返したくらいであった。タヒチアンノニジュースの製品力を初めて見せつけられた瞬間だった。

三六五日毎日ティーパーティを開催

ＩＰＣに登録したのは二〇〇〇年二月。ビジネスにしようと思ったときは、これでバリバリ稼いでという発想はなく、みんなにこのジュースを伝えることで、みんなの年金代わりになるかもしれないという程度に思っていたという。

ノニのビジネスを始めたときの家族の反応はどうだったのか。

「主人は、最初はタヒチアンノニジュースを飲むのもビジネスも駄目だと言っていました。アメリカに行っている息子からは、『ネットワークだから危ないぞ。そんなものからは手を引いたほうがいい』とメールが来たくらい大反対でした」

ここで面白いのは、佳代が反対する息子に「だったら、あなたの足でよく調べてらっしゃい」と飛行機代を払って、ユタ州のタヒチアンノニインターナショナルインクの本社に行かせたことだ。息子からは「見てきて大丈夫だったよ。すごく丁寧に教えてもらった」と返事をもらった。

「グループの人たちで、ビジネスをやりますという人はほとんどいません。ほぼ一〇〇パーセントが愛用者《ユーザー》です。みんなノニジュースをまだ知らない人に教えてあげたいという気持ちの人ばかりなのです」

佳代のグループは毎日どこかでティーパーティを開いている。完璧な地域密着型である。それぞれの地元でノニを伝えたいと思っている場に毎回少人数で集まるのである。

「三六五日毎日ティーパーティがどこかで開かれています。それを繰り返すことで愛用者が増えていきました。この活動を肩肘張って仕事だと考えたことはありません。どこかへお邪魔して、食事のこと、健康のことを気楽に話すことが楽しいわけですから。ティーパーティには、みんながノニの入ったお料理を作って持ち寄ってくるのです。ノニリーフティーもそうだし、酵素を使ったケーキを焼いたり、ジャムにして持ってきたりしています。レシピの数はものすごく増えました。

実は私は管理栄養士なのですが、最初の頃にはそれを言わないで活動していました。管理栄養士だからジュースを広められると思われがちですが、根本が違いますから。でも、この頃はティーパーティのなかでよく食育の話をさせてもらいます。ただ普通にお話ししているのに、管理栄養士だということで、聞いてくださる側の姿勢が改まったりすることもあって、いまだからこそ話しています」

ビジネスセミナーは一度も行なったことがない

彼女はグループがここまで広がった理由を、みんなと楽しく過ごすことに徹しているからではないかと思っている。グループの人に仕事として目標を持てとは一切言わない。ノニについて話したくなったら話してあげてというスタンスで通している。ビジネスセミナーは一度も行なったことがないという。

「ただ自分が飲む分、ひと月一ケースをタダにすればいいじゃない。まずは自分がタヒチアンノニジュースや気に入った製品をタダで飲める、使えるようにしようと言っています。初めの一歩は五人の継続愛用者を紹介すればいいのですから」

そういう考え方になったのは、ジェードタイトルのときに会社からハワイに招待され、アメリカの社長からなぜノニビジネスをネットワークビジネスにしたのかを聞いたからだった。

「皆さんが気にいったジュースをできるだけ安く、タダで飲めるようにもなる。もう少しがんばれば、さらに他の恵みが得られるようなシステムにしてありますと言われたのです。そのとき何かがふっ切れた気がしたのです。それからは、せっかく会社がそういうふうにシステムをつくってくれているのだから、自分のジュースはタダにしようよと呼びかけることにしました。

私はタヒチアンノニジュースを冷蔵庫の中にいつも牛乳があるようなレベルのものにしたいと思っています。でも、そのために会社にテレビCMをやってくださいといった希望はありません。ネットワークの会社のCMをテレビで見ても、知っている人はわかるけれども、知らない人には何も伝わりません。私たちが身近なところから伝えていく口コミはすごい。タヒチアンノニの製品と口コミ。私はネットワークビジネスの理想形はノニを中心に何でも話せる素晴らしい仲間ができるタヒチアンノニ社にあると思っています。まさに〝福業〟。タヒチアンノニという仕事を伝えていただいたことにいまでは感謝しています」

八年ぶりに会った母の姿に圧倒された自分

木藤美奈子（きどう・みなこ）　二〇〇六年ＩＰＣ登録

効いた母親の揺さぶり行為

美奈子は母親の経営する服飾業の物販会社で、デザイナーとして働いていた。

だがもともと独立心が強かった美奈子は、一三年前、母親がタヒチアンノニのビジネスを事業として導入したのを契機に、服飾デザインの会社を立ち上げた。

「ノニに限らず、ネットワークビジネスについては否定的でした。商品が高額で経営として成り立つのかどうかという疑問と、商品が適正な価格ではないのではないかという疑問がありました。それに母の会社はいよいよどうなるのかわからないといった噂が聞こえてきたこともあり、やっぱりネットワークは良くないのかなと思っていました」

そんな美奈子は最初にタヒチアンノニジュースを飲んだときのことをはっきりと覚えている。

「一三年前に母から『これを飲んでみて』言われて飲んだら、とても美味しかった。女性はデリケートだからわかるのですけれど、これは本当に健康維持をサポートしてくれるなと直感しました。飲み続けられたらいいなと思いました。ただ、この価格は高すぎると思いました。当時の私は自社不動産物件を持つという夢があったので、そうなると月に二万円以上もジュースごときに充てられないと思い、いったん登録したのを勝手に解約してしまったのです」

母親との音信不通が長らく続いていた。

ところが、いまから四年半前に自身のデザイン工房を兼ねた自社ビル建設の保証人がどうしても必要となり、美奈子は八年ぶりに母親に会うことになる。

「驚きました。圧倒されました」

八歳の年齢を重ねた母親を想像していたのに、美奈子の前に現れた彼女は若返っていたのである。艶々《つやつや》としたエネルギーにあふれていた。

「もちろんメンタル部分や環境の変化もあったのでしょうが、同じ女性ですからすぐにその理由がわかるのです。そうであれば興味がわきました。母にはノニのビジネスに興味があるとは言わずに、いろいろな話を聞いたり、セミナーに参加したりしているうちに、次第にこれは本物だなと感じるようになり、自らこの仕事にかかわっていきました」

一から始めるのにあたって不安はなかったのだろうか？

「身内の母にできて、私にできないことはないと思っていたので、そんなに不安はなかったです」

ただ周囲からは「なんでいまさら別の事業を始めるのか」「不動産物件を持つとそういうしわ寄せがあるのか」などと中傷されたという。

美奈子は、母親の揺さぶり行為が効いたかもしれませんと苦笑した。その揺さぶりとは？

「母が銀行通帳を見せてくれたのです。これは本当にすごいのだなと不安がいっぺんに吹っ飛びました」

ジュースの浸透度がもっとも高い金沢地区での活動

四年半前からノニビジネスをスタートした美奈子は、知り合いから徐々に伝えていった。長いあいだ服飾業界にいたので、同業者や顧客など伝える相手は多くいたけれど、彼らが本気でビジネスに行なうまでには想像以上に時間がかかった。

美奈子がビジネスで活動する石川県金沢地区は、タヒチアンノニジャパンの調べではタヒチアンノニジュースの浸透度（人口あたりの会員数、もしくはタヒチアンノニジュースの発注量）がもっとも高いといわれる。それゆえに活動がしにくいことはなかっただろうか。たとえば、紹介した方がすでに母親に紹介されていた、などというケースはなかっただろうか？

「そういうこともありましたね。それはそれで、まだまだノニを全然知らない人がいまだにいらっしゃいます。知っているけど私が紹介することで変わる方もいらっしゃいます」

いま彼女のグループの活動で一番力を入れているのはなんなのか。たとえば健康的な話なのか、ビジネスの話なのか、がんばろうという自己啓発的な面なのか？

「具体的にタヒチアンノニジュースにフォーカスした話ではなく、いまでしたら健康管理一般指導員の勉強会でしょうか。はじめにビジネスありきではなくて、健康になるために勉強しましょうということからスタートしています。あとは、タヒチとの友好関係を結ぶために、タヒチにかかわっている人たちを集めて、ポリネシア文化を学んだりしながら、私たちの姿を見てもらおうというスタイルで取り組んでいます」

一人の事業家と弟子のような感覚

美奈子は母親がリーダーになっている北陸ココナッツというグループで活動している。二〇〇八年滋賀県での合同合宿の余興の場。勝ち抜き一〇〇円じゃんけんゲームでたまたま二万円を手にした美奈子は、タヒチアンノニ社の社会貢献活動の合言葉「Do Something Good」を口にした。

これがきっかけとなって、タヒチに対する募金活動が始まった。募金はタヒチの子供たちの教育奨学金、学校用教科書、リサイクルコンピューターの寄贈、児童養護施設の生活改善などに使われる。

「私たちは月に二〇回ほどのセミナーを行って、そのなかで必ず募金箱を置いています。これは会社に承認を取ってやっていることで、毎回集まられる二〇~五〇人の参加者に任意で入れてもらっています。一人一〇〇円ずつ。これが私たちのセミナーの文化になっています。二〇一〇年は合計で四〇万円ほど集まりました。

この活動はタヒチアンノニ社が世界に先駆けて行っているフェアトレードにもつながっ

子どもたちへの学業サポート

タヒチアンノニ社は一企業市民として、世の中のために良いことをしようという理念に基づき、タヒチアンノニ ビジネスを可能にしてくれているフレンチポリネシアの国と人々のために「Do Something Good ドゥ サムシング グッド」（価値あることを実行しよう）という社会貢献活動を行っている。ドゥ サムシング グッドには、4つの目的がある。

◆教育奨学金プログラム
◆教科書・図書室用書籍の寄贈
◆学校教育用リサイクルコンピュータの寄贈
◆児童養護施設への支援

ています。募金を通じてタヒチへの愛が深まり、地球を考えた活動に参加するのが私たちの取り組みだと、セミナー会場ではいつも申し上げています」

開催するセミナーに参加する層がだんだん若くなっている理由を彼女はこう見ている。

「いまの若者は、日本人の生き方や企業理念がぼやけていると感じています。他方、タヒチアンノニにかかわっている私たちはそうした理念を明確に持っています。それで自分たちがブレていることを意識する人たち、迷っている人たちが私たちに関わろうとしているのかもしれません。

いまどうやって将来を考えていけばいいのかを学ぼうとするのに、私たちのセミナーは無料ですし、自由に選択すればいいスタイルなので、それが受けているようです。若い人のリピーターが非常に多いのです」

お母さんと衝突することはないですか？　最後にいじわるな質問をしてみたらこう返された。

「ないですね。いったん母との縁を切ってから再会したわけですが、親子の関係ではなく、もうどこか一人の事業家と彼女を尊敬する弟子のような感覚になっています。私が成功するまではこういう関係でいこうと思っています。私の姉、妹もノニビジネスをやっていて、いまではファミリービジネスになっています」

タヒチで目の当たりにしたタヒチアンノニ社の貢献

伊達智津子（だて・ちづこ）　二〇〇四年IPC登録

自然との共生を考えさせられた配慮

タヒチアンノニ社では、第四段階のリーダーシップポジションのダイヤモンドパールのタイトル獲得者をアウトリガークラブメンバーとして、タヒチ報奨旅行をプレゼントしている。二〇一〇年一一月にタヒチアンノニの故郷を訪ねた伊達智津子にその感想を語ってもらった。

――現地の様子をお聞きしたいんですが。

やっぱりすごく神秘的でした。島自体にオーラというか、神が宿っているような感じに包まれていました。特にモーレア島はそうした気配が濃厚に漂っていました。

――CSR（企業の社会的責任）のあり方がさまざまな場面で取り上げられていますが、現地でタヒチアンノニ社はどのような形でそれを果たしていたのでしょうか。

タヒチの皆さんは、私たちがタヒチアンノニに携わっている人間だというだけですごく好意的で、この会社がそれだけタヒチに貢献しているという証拠だなと実感しました。

一番の貢献は継続雇用の創出だと思います。フレンチポリネシアに住む約一万五〇〇〇名の方がタヒチアンノニに何かしら関わって仕事をされている。現在、八〇以上の島々で一〇〇〇軒を超える農家と契約を結んでいるそうです。

タヒチアンノニ社は一九九六年から現地の人々に正当な対価を支払うフェアトレードを実施してきたと説明を受けました。ノニの実を採取する人たち（ピッカー）に証明書を発行し、この証明書を受けている人たちにかなりの給与を払っているそうです。

フレンチポリネシアは百数十の島からできていて、子供たちは初等教育は受けられるけれど、高等教育を受けるためには、寄宿舎のある別の島に渡らなければならず、そのお金がなくて、高等教育を受けることができない子供たちがたくさんいましたが、この雇用と支援のおかげで教育を受けることができるようになったといいます。

スタッフの方の話では、数千年間ポリネシア文化の一部であった産物の開発と輸出に取り組み、フレンチポリネシアの生活向上に尽力したことから、国連の外郭団体から社会貢献賞を受賞しているそうです。通常こうした賞は個人が受賞することが多く、法人として受賞するのは非常に珍しいそうです。また、いまやノニは黒蝶真珠（ブラックパール）と肩を並べるフレンチポリネシアの輸出品になっているそうです。

タヒチアンノニ社が支援している孤児院も見学してきました。五〇人以上を収容できる施設でした。地域社会への貢献を目の当たりにしてきました。

収穫物にはそれぞれ収穫者番号がつけられ、製造工程でも調べられる

――タヒチアンノニの工場はいかがでしたか？

工場とプランテーション（農園）の見学をしました。七八九七ヘクタールという広大なものです。工場見学中は日本語対応のイヤホンをつけて、説明を聞きながら、ノニづくしの時間をすごしました。

工場長さんは、エドワードさんという人

で、次期タヒチ大統領になってもおかしくない有名人という話でびっくりしました。

――ノニの実は至るところに生えているという感じなのですか。

そうなんです。本当に至るところに見られます。一度好奇心から、落ちている実をがぶりと噛んだら、すぐにカーッと熱くなって、ものすごく元気が出るし、ピリピリ口がしびれました。やっぱり生ほどすごいものはないと思いました。匂いはすごかった。雑巾を一週間くらい洗わないで置いておいたみたいなニオイにそっくりでした。

タヒチにある工場で出荷を待つノニジュース

この旅行を通して、タヒチアンノニ社のタヒチに対する地域コミュニティーや地域社会への貢献、決して乱穫をしない計画的なノニの実の収穫に代表される自然環境への配慮が温かく伝わってきました。
これらのことは、日本においては昔から伝統的に自然に伝わってきている「企業と消費者」「企業と地域社会のあり方」「人間と自然との共生」という考え方と重なる気がします。

ネットワークビジネス業界団体の創設を

松林努（まつばやし・つとむ）　二〇〇七年ＩＰＣ登録

当社は問題ないが悪質なところもあるというスタンス

外資系自動車メーカーの中国代表を務めるかたわら、タヒチアンノニのビジネスにかかわる松林は、同社ＩＰＣのなかも異色の存在。業界の社会的な認知度がなかなか向上しない現実にたまらぬ歯がゆさを感じると松林は言う。

「このビジネスにかかわる人は八〇〇万人もいるといわれるわりには、ネズミ講に代表される悪いイメージがいまだに払拭できていません。誤解を受けているところは解いていかねばなりません。その責任はほかならぬネットワーク業界自身にあるのですから。

もっとも有効なのは、『業界団体』を持つことだと考えます。なぜネットワークビジネスの業界団体ができないのか、私には不思議でなりません」

ネットワークビジネスの会社には胡散《うさん》臭いところも山ほどあるといわれる。

実態を調べてみると、それぞれの会社が「ネットワークビジネスの会社には悪質なところもあるが、当社は問題ない」と勝手に主張しているだけである。こうしたスタンスでは混乱を招くばかりで、なにも始まらないし、まとまらない。

「業界団体を絶対つくるべきなのです。当然ながら会社によりベクトルがずいぶん違うと思います。でもそれは片手で握手しながら、片手で殴り合うようなことをやっている他の業界でも同じです。九九パーセントの考え方が異なっていてもいい。残りの一パーセントで共通点を見出せるならば、そこにフォーカスして業界の発展のために活動していくべきなのです」

乱立するネットワークビジネス会社すべてを網羅する必要はないと松林は示した。

三社でも四社でも、中核になるところが集まり、まずは業界団体を立ち上げて、参加会社を募る。参加したいと意思表示した会社に対してはきちんと審査して、「こういうことを守らないとうちには入れないよ」と指導しながら、徐々に加盟企業を増やしていけばいいのだという。

わかってもらえないのはネットワークビジネス業界の責任

次に松林が言及したのは、特保（特別保健用食品）の取得についてであった。タヒチアンノニジュースはすでにアメリカの医学誌ＰＤＲ（フィジカル・デスク・レファレンス）で高評価を受け、ヨーロッパではＥＵノベルフードに認められて権威付けがされているとはいえ、いかんせん日本の人たちにはその価値がわからない。

「やはり特保は取らなければいけないと個人的には考えています。厚生労働省のお墨付きを得れば、説得力が一段と増すわけですから、われわれＩＰＣにも追い風になります」

　これについてもネットワークビジ

COMMISSION DECISION

of 5 June 2003

2003年タヒチアンノニジュースが自然由来の食品として初めて欧州連合の厳しい安全基準をクリアしたノベルフードに認定。続いてノニ葉、ノニ果実ピューレ、ノニ濃縮果汁も認定されているネス業界団体の創設なくしてまず実現は不可能だという。松林は知悉《ちしつ》する自動車業界を例に挙げた。

「自動車産業には自工会（一般社団法人日本自動車工業会）という団体があります。日本の排気ガスや衝突安全基準などの大きなテーマに関しては、本来ライバルである企業が話し合って大筋を決めていき、国に働きかけていきました。そうしなければ何も動かなかったのです。

ネットワークビジネスの会社は自らを発展のためにもっともっと自ら発信しなければならないと考えます。八〇〇万人がかかわっているといっても、日本の一億二〇〇〇万人のなかでは、まだまだよくわからないところが多い。それをクリアにしていく必要がありますす。ネットワークビジネスをわかってもらえないのは、わかってくれない人たちが悪いのだと言っていても仕方がない。それはわれわれの責任なのです」

自分たちだけが唯一正しくて、他は駄目という発想では日本のネットワークビジネスは育たない。それに各社が気づいて、一日も早く動き始めるべきなのである。

IPCが動きやすくなるようなテレビCMが必要

ネットワークビジネスのメリットのひとつとして、口コミで伝えていくのが原則だから、広告宣伝費が他の流通手段よりも比べものにならないほど安くて済むことがある。元来ネットワークビジネスはテレビCMをしないことが基本であり、広告宣伝業界にすれば、目の上のタンコブのような目障りな存在だったが、そろそろそうした考え方も変わりつつあるのだろうか。

「社会的信用度を高めるため、テレビCMで製品や企業の告知をしていく必要性を感じます。タヒチアンノニに関しては、客観的な事実だけを伝えて、IPCの人たちが動きやすくなるようなテレビCMを打っていただきたい。いまでもノニジュースというと、テレビ番組『笑っていいとも！』の罰ゲームに飲まされるジュースのことかと思っている人がいます。いつまでもそうしたイメージを引きずっていてはよくないでしょう」

ところで、松林のような企業経営者の目から見て、タヒチアンノニ社はどのような企業と評価しているのだろうか。一言でいえば、基本的な大筋をしっかり押さえている会社だと松林は言う。

「セミナーなどではみなさんにいつも説明するのですが、まず、製品がすばらしく、それが学術的にも裏付けられています。自社でメーカー機能を備え、自前でR&Dを行っています。また、その原材料となるノニについて、フレンチポリネシア政府と一〇〇年間の独占購入契約を結んでいるのです。よそにもノニジュースを扱う会社はさまざまあるけれども、タヒチアンノニ社が生産量で最大、かつ評価も最高に高いというのは事実です。タヒチにはノニのピューレ工場を建設、これについてもフレンチポリネシア政府からの九十数年間の無償貸与となっています。また、製品のリピート率が非常に高いのも際立った特徴でしょう」

経営者の立場から見れば、タヒチアンノニ社の経営陣は恵まれている、楽ではないかと推測していると付け加えた松林は、もうひと踏ん張りすれば大化けする可能性があると結んだ。

第四章

ディストリビューターたちの本音

2011年2月のハイチで行われたカンファレンスに参加したIPCたち

飲み続けたい人が飲める価格に

一二人のＩＰＣに取材する際、全員に例外なくたずねたのが会社への正直ベースでの要望、要請であった。会社のここを変えてほしい。あるいは会社側がこうしてくれれば、自分たちはもっと成績を伸ばせるのにと感じるのはどういうときなのか。要望、要請が忌憚《きたん》なく話せる環境なのかを知るための質問でもあった。この点からも企業風土がうかがい知れるはずと考えてのことだったが、自由闊達《かったつ》な意見が出そろった。

もっとも多く話題にのぼったのが主力製品タヒチアンノニジュースの価格が高すぎるのではないかということだった。

現在、ケースオートシップで一ケース（一〇〇〇ミリリットルボトル四本入り）のＩＰＣ仕入れ価格が二万二七七四円。長引くデフレ不況が顧客の購買力をじわじわと削いでいるなか、はたして現行価格は正当といえるのだろうか？　ただし価格を下げることによって、それだけ売り上げが上がるのかといえばそれはまた別問題だろう。そのあたりは綿密に戦略を組んでやっていかねばならない。

各ＩＰＣにはそれぞれの言い分があり、それぞれに説得力を備えていた。

もっとも明確に値下げが必要と訴えたのが齋藤浩一だった。

「タヒチアンノニジュースがもう少し安い価格で、世に流通できるようにならないかと希望しています。いまの日本の可処分所得を考えてみても、リーマンショック以降さらにこの価格の製品を買える人が少なくなってきているのも現実なのです。飲み続けたい人たちがきっちり飲める価格帯にしなくてはいけません。

どこのネットワークの会社でもあると思うのですが、製品価格の値下げを実行すると、既存収入を取っていた人の売り上げが大幅に減るような事態も想定されます。

現行の半額になって同数しか売れないのなら、売り上げは半分になります。半分は極端ですが、もし現行の三分の二くらいの価格になれば、僕はこのジュースの性質を考えたときに、『それはあり』だと思っています。その分必ず流通量が増えますから」

ただ、そこで厄介なのは、タヒチアンノニ社のネットワークビジネスの報酬システムがユニレベルを採っていることであろう。本来ならばシンプルで穏当なユニレベルは権利収入的な部分が非常に大きい。値下げは現在活動していないＩＰＣに大きなマイナスをもたらすので絶対に反対だと思う。

一方、これからタヒチアンノニのビジネスを始めようと考えている人たちにとっては、主力製品の値下げは大きなチャンスとなるはずである。一時的に値下げ幅と販売量のかねあいで売り上げが縮むことがあるかもしれないものの、やがては製品力のおかげでうまくソフトランディングする可能性が高い。

「IPCで製品価格を下げていいと言い切れる人は少数派でしょう。値段を安くした分ノニを広げたいというのが僕たちの考えですが、単純に値段を下げれば売れるというものでもないということもよくわかっています」

毎月製品が届くオートシップのなかでタヒチアンノニジュースは世界一高い製品かもしれないと、齋藤浩一は言う。

「テレビも電話も自動車も出始めは大変高価でしたが、普及するにつれてだいぶ安くなりました。価格が高いときに売れているモノは安くしたときに爆発的に売れる可能性が非常に高いと僕は考えています。僕たちはこの製品の性能、ポテンシャルを熟知しているから、タヒチアンノニジュースもいつかそれをすべきだと思っています。慎重にならざるを得ないけれども、やるときは決断して敢行する必要があるのではないでしょうか」

タヒチアンノニジュースはガソリンとは違う

決して積極的な値下げ賛成派ではないが、萩原隆は通信販売マーケットにおけるデータが参考になるのではないかと示す。

「私たちも現在のIPC仕入れ価格の約二万二〇〇〇円をできたら一万九〇〇〇円程度に下げると、広まり方が全然違うのではないかと考えています。通信販売で製品価格が二万二〇〇〇円を超えると、製品を買う人は全体の二〇~三〇パーセントにとどまるのですが、これが一万九〇〇〇円台になると、五〇パーセントにがぜん増えるというデータが出ています」

「高いと思うけれど、これでしばらくはやっていくべき」と語るのは荘司エリコだ。ただ、安い製品も出していくというのがアメリカ本部の考え方で、これも正しいと思っているという。

むしろなぜ安い製品を日本ではこれまで投入しなかったのか。なぜその波に乗らなかったかが謎だとも述べている。

過去に高価な健康食品の代理店を経営していた高谷功は値下げにはかなり慎重な見方を示していた。

「そういう声は日本での発売当初からありました。ただこれはどうでしょうか。自動車の世界にしても、実際に高級車ベンツの売り上げが下がっているかといえば、そうでもありません。安くなるに越したことはないけれど、それは段階を追って対応できていけばいいのではないでしょうか。いまの段階ではまださまざまな意味でのインフラが確立されていないと思います。

確かに高いかもしれないけれど、それだけの価値はあります。僕がこれまで扱った製品で高価な製品では、液体のフコイダンが一升瓶一本で四万八〇〇〇円。セサミンでも一個五〇〇〇円程度。タヒチアンノニジュースが一本七〇〇〇円前後というのは、考えてみるにめちゃくちゃ高いわけでもない。とりあえず現段階では相当かなと思います。いずれ二、三年先にさらに製品的にこなれたときに見直す必要があるかもしれません」

一ドル八〇円の円高なのだからもう少し下げてもいいのではないか。そうした声に対しても、高谷は懐疑的である。

「これも非常に難しい。一回価格を下げてしまうと、二度と上げることはできないからです。為替レートで上げたり下げたりするはいかがなものか。タヒチアンノニジュースはガソリンとは違うのです」

やはり価格設定については、タヒチアンノニ社の企業体質、姿勢、財務状況などを含めて、市場を見据えながらの総合的な経営判断に委ねるべきだと髙谷は考えている。

絶対にこれという確信は持てない

ネットワークビジネスのオートシップ価格について、毎月いまのみなさんの懐具合から継続的に出せる価格を考えたときに、やはり一万円台のほうが興味も違うだろうなと思っている、と言うのは白水誓一である。

後発の製品群でオートシップを採用している価格帯を調べてみると、一万円からぎりぎり二万円未満が圧倒的に多い。おそらくそれが一番入りやすい価格帯だからという判断からなのだろう。

「IPCの成功者たちからも、ジュースのプライスを下げてほしい、下げたほうがやりやすいと言う方もいらっしゃる。それも可能ならばありかなと思います」

だが、白水誓一がグループを持つベトナムの販売員にとって、値下げはとんでもないことらしい。その事情を説明する。

「ベトナムの年収レベルは日本の一〇分の一程度です。タヒチアンノニがベトナムでタヒチアンノニジュースをいくらで売っているかというと、四本で一万六〇〇〇円程度。日本の八割で売っています。収入格差から考えると、ベトナムにおいてはかなり高いわけです」

そこで白水はベトナムで成功しているブラックパールの人に聞いてみたという。

「価格が高くはないですか？　一カ月のみんなのサラリーよりもジュース代のほうが高いのですから、安くしたほうがビジネスがやりやすいと思ったことはありませんか？」

すると彼らから異口同音に「とんでもない。そんなことはありません」と返された。

「われわれの収入はジュースの価格がベースになっています。ジュースの価格が下がり流通量が同じであれば、もらえるコミッションが減ります。もちろんジュースの価格が高いことに問題はあるけれど、ベトナムは豊かではないので、健康のためだけにタヒチアンノニジュースを飲んでいる人はほとんどいません。みんなビジネスをしたいのです。そうであれば、リスクをとってもビジネスを優先したい」

ベトナムの会員にもオートシップで四本のタヒチアンノニジュースが届く。一本まるごと買ってくれるお客さんがいない場合、ヤクルトサイズに分けて小売りしているのが現状だ。

「日本は豊かだから、一本で買ってくれるお客さんは多いでしょう。ベトナムではまだまだそういう人は少ない。嘆いても仕方がないので、こうして小売りを行っているのです」

白水はそう聞かされたときに、これは日本にも当てはまるのだろうと感じたという。

「みんなの所得が下がってきて、これまでタヒチアンノニジュースに二万二〇〇〇円を払って飲めていたのが、気に入ってはいるけれど、飲めなくなっている人が増えてきていま す。だから、タヒチアンノニジュースを飲む人を探していくのは、昔よりは難しくなってきている気がしています。けれども、ビジネスの魅力を伝えるという視点で考えると、昔よりも求めている人は明らかに多いと思います」

ビジネスの魅力を伝えるときに、タヒチアンノニジュースがこれぐらいの価格でないと収入を確保できないのではないかとも白水は言う。

「話を戻すと、私としては、ベースは現行の二万二〇〇〇円台でいいと思っています。今回戦略的にもっと安い価格の製品を出そうとしています。会社の提案に対して批判的なIPCはいますが、私はどちらが正しいのかはわからないと思っています。けれども、いろんなことを考えた上で、ジョン社長がやろうというのだから、それを信じてやってみよう、もしその戦略が悪かったらまた考えればいいではないかと思うわけです」

果たしてどちらがいいのか。いまの自分の立場で絶対にこれという確信は持てない。白水は、タヒチアンノニジュースの基本的な価格は変えず、廉価版も新発売しながら様子を見る時期ではないかと思っている。

方向性としては間違ってはいない新製品投入

白水の発言にあるように、タヒチアンノニ社は今年から日本市場に新製品を投入する。その詳細については本書の第六章に記すので割愛するが、簡単に言うと、ノニが持つバイオアクティブ（生理活性）成分のうちのイリドイド成分を強調した新しいジュース群がタヒチアンノニ社の製品リストに加わることになる。

現在同社の取扱い製品は約五〇種類に上る。だが、実際にはタヒチアンノニジュースが総売上の九割以上を占めており、大黒柱としての存在感を示している。愛用者のほとんどがタヒチアンノニジュースという状況下、新製品はどのように受け止められているのだろ

イリドイドとは

ポリフェノールやルテイン、βグルカンなどと同じ植物由来の身体を整える作用のある成分のこと。イリドイド含有植物は薬用植物に多く、一般的な食用植物には稀なため認知度が低く、研究が行われてこなかった。

イリドイドの主な機能は植物自身の防御に関係している。特に昆虫が植物を食べる際に活性化され、菌・ウイルスを抑制する。さらに損傷部分を修復する作用がある。

これらの作用が草食動物だけでなく、ヒトにも生理作用を起こすため、漢方などの伝統的な薬用植物として利用されてきた。幅広い地域で伝承、利用されてきたのは、薬効成分が安定しているからだと考えられている。

主なイリドイド含有植物に、ノニ、ジャスミン、オリーブ、ブルーベリー、トチュウ、オオバコ、スイカズラなどがある。

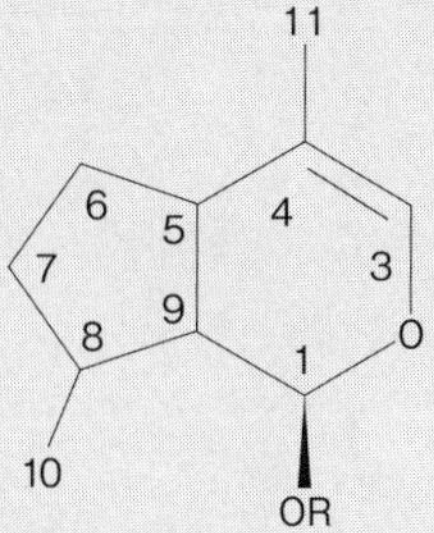

うか。

後にも先にもタヒチアンノニジュース以上の製品はないと公言してはばからない齋藤浩一・はるみは率直に、期待はしていないと話していた。

「新製品といっても、テーマが変わっただけで、モノの本質自体は変わっていません。これは今回だけではなくて、これまでさまざまな新製品が出るたびにずっと言い続けていることです。うちのグループが独特なのかもしれません」

新たなイリドイドを強調したジュース群が導入されたことで、主力のタヒチアンノニジュースの売り上げが落ちるような事態になららないのか。

そうした懸念はないと松林努は言う。

「ノニには二五〇あまりの成分が含まれているのですが、それを補完するのがイリドイドではないのでしょうか。全体を底上げして、そこに加えていく感じです。イリドイド成分が強くなったものを飲めば、ジュースを飲まなくていいということではないと思います」

新製品、新基軸だと言っても、あくまでその核はノニであって、きわめて多彩な可能性を秘めているノニから軸足を外すことはあり得ない。その意味では会社の方向性は不変である。

だが、企業として歩みを止めてはならないのだから、新製品は出すべきだと松林は言う。

「止まっているということは、世の中は常に進んでいるから、後退しているのと同じです。少なくとも世の中が動いている以上の速さでは進んでいかなければ遅れてしまいます」

荘司エリコも同様の意見を述べている。

「うまくいくかどうかはやってみないとわかりません。でも、タヒチアンノニジュースだけに固執していても仕方がありません。仮にうまくいかなければ、また次の企画にチャレンジすればいいのです。それが当然なのではないでしょうか」

白水誓一も、方向性としては間違ってはいないと思っている。

「ベースがタヒチアンノニというブランディングあっての会社だし、これをもっとブランドとして確立していかなければなりません。製品としてはイリドイドに特化し、これを柱としてプラットフォームをつくろうという方針は揺るぎない。これに関しては絶対に間違っていないと思います。

手法としてはもちろんネットワークビジネスが一番いいと思っています。やはり、タヒチアンノニジュースを飲んで、その良さをわかってリレーしていかないとうまくいかないと思うからです。うちは薬局も経営しているのでよくわかるのですよ。薬局にノニジュースを置いたからといって絶対に売れないですから」

いままでのものは大事に残していきながら、これからは価格と製品群をどのようにうまく組み合わせていくのかが問われることになるのだろう。製品数を増やせばいいわけではない。レパートリーを増やす際には、戦略的によくよく練り込まなくてはならない。

大手が気づき始めたテレビＣＭの必要性

かつてはネットワークビジネスのメリットのひとつとして、広告宣伝費が限りなく少なくて済むと決まり文句のように言われていた。だが、そうした時代は終焉《しゅうえん》し、ネットワークビジネス企業であっても、前章で松林努が指摘したように、社会的信用度を高めるため、テレビＣＭで製品や企業の告知をしていく必要性が出てきている。実際に日本でもネットワークビジネス大手数社がそれに気づいて、ここにきてテレビＣＭを流していることに関心も高かった。

2010年アメリカ・ニューヨークタイムズスクエアで宣伝されたイリドイド製品群

多くのＩＰＣたちから、販促活動にもう少し本腰を入れてほしいという声が挙がっていた。今後はネットワークビジネスの枠に捉われずに行なってほしい。いまは広告費が全般的に下がっているのでチャンスではないかという声も多かった。

荘司エリコは日米での連動広告を提案していた。

「昨年アメリカではタイムズスクエアでタヒチアンノニの広告をしていました。カップヌードルなどが広告していた場所です。今年は日米で連動して広告できるような体制をつくっていただきたい。実現すれば、起爆剤になると考えます」

齋藤浩一もこう言っている。

「タヒチアンノニが今後も優位性を維持できるかどうかは、業界のパイオニアとしてのプロモーション活動をどのくらいこの会社ができるのかということにかかっています」

会社主催の事業説明会を増やしてほしい

何度も言うように、ＩＰＣは一人ひとりが自立した個人事業者としてネットワークビジネス主催会社と相対している。とりわけ有力なＩＰＣには、自分がこのネットワークビジネス主催会社を背負っているのだという矜恃《きょうじ》と迫力を備えている人物がいる。

そうしたＩＰＣの要求を会社側がしっかりと吸い上げて十分に応えていれば気持ちの齟《そ》齬《ご》は起きないはずだが、会社側がＩＰＣに完璧な対応をし続けられることはまずありえない。マンパワーにも限りがある。

特に私の耳に聞こえてきたのは、会社主催の事業説明会の回数が少なくて物足りないという声だった。

荘司エリコもそのうちの一人である。

「もっと積極的に会社主催の事業説明会をしていただきたい。とにかく事業説明会を会社側が企画して行う回数が少ないのです。フランチャイズ事業にしても、フランチャイズの説明会を頻繁に行うから、フランチャイジーが集まって組織が大きくなるわけでしょう。

事業説明会を、人が集まろうが集まらなかろうが、一人でも来たら開催するぐらいの気概をもって行なってほしい。毎日毎日会社主催で行っていったら、売り上げはすぐに伸びるはずです。

いまは会社側がＩＰＣに頼りすぎて、ＩＰＣが事業説明会まで行っている感じなのです。事業説明会をＩＰＣも会社側も行うならば、大変な相乗効果が出ると思います」

日本のマーケットをもっと大事にしてほしい

ＩＰＣと会社の気持ちに溝ができないよう、定期的に有力ＩＰＣとタヒチアンノニ ジャパン幹部との話し合いの場、諮問《しもん》委員会が持たれている。参加した萩原隆が感想を述べる。

「第一回目には、会社側から見た会社自身の問題点、われわれＩＰＣの問題点、逆にＩＰＣから見た会社の問題点とわれわれの問題点を全部出して、どうしたら改善できるのかと知恵を出し合いました。これは相互的に意味があります。

お互いの改善点をお互いに出し合って、心がそこで通じ合うのです。そこで一緒に改善していく。あとでどうなるかは会社で決めるのですが、それに沿って私たちはベストを尽くす。そういう流れができただけでも、大きなことだと思います。一〇年前はアメリカの本社で決めたものをそのまま私たちはやるしかなかったですからね」

タヒチアンノニジャパンに対するよりも、米タヒチアンノニインターナショナル インク本社に向けて強い要望を持つのが白水誓一だ。

「アメリカ本社に対しては、日本のマーケットをもっと大事にしてほしい。いまの円高でどれだけ日本が貢献しているのか、本当にわかっているのでしょうか。

それと、ＩＰＣの私たちに対する細かいフォローが足りません。世界規模のイベントはすべてアメリカ主導で行うのですが、どうしてもＩＰＣに対する扱いが雑だったりします。日本人は細やかさを求めます。イベントの招待のとき、小まめな対応をこの会社はしません。現地集合、現地解散では日本のＩＰＣには不親切でしょう。これはアメリカに要求しても無理でしょうから、イベント自体を早く日本で行うようにしていただきたい。全部ジャパン主催にしてほしいということです」

白水が続ける。

「製品開発については、日本独自のノニリーフティー、ノニ酵素にしてもすごく出来が良くて満足しています。タヒチアンノニジュースについては、いまは良くなりましたが、昔はひどいのがありました。

よく言われるのですが、日本の繊細さみたいなもの。日本のうるさい基準をタヒチアンノニのグローバル基準に合わせると、かえって世界で勝負できると考えています。

私はタヒチアンノニの前に別のビジネスに参加していたのですが、そこも日本上陸して五、六年目ぐらいまでは、化粧品にしても本当にひどい代物でした。アメリカの焼き直しみたいな製品でね。私はびしびしクレームをつけて、全部日本仕様に変えさせた。そうしたら爆発的に売れて、大きなマーケットになりました。結局、アメリカ本体の製品も日本仕様に変わりました」

タヒチアンノニジャパンをもっとタヒチアンノニインターナショナルは活用、尊重すべきだと言う白水は諮問委員会についても触れた。

「諮問委員会というのはあくまで諮問する機関であって、決定機関ではないわけです。たしかに私たちＩＰＣがこの会社の売り上げを支えています。けれども、それが諮問委員会であまりに高じるのも、私自身ＩＰＣの立場であるとはいえ、それは違うのではないかと思います。最終責任はやはり社長の黄木さんがとるわけです。私たちは黄木さんに言いたいことは言うけれど、黄木社長が決めたことに関しては協力しようと考えています。目指すものは一緒なのですから。反対に黄木社長は私たちの言いたいことを、よく聞きすぎるくらいです」

弱体化するネットワークジャンキー

かつては他社からＩＰＣリーダーを組織ごと引き抜くネットワークビジネス専門のヘッ

ドハンターが暗躍したり、数千人単位のグループ組織を持つリーダーが新たにネットワークビジネスを興す会社に移籍を売り込みにきたという生々しい話がそこらじゅうに転がっていた。

そうしたネットワークビジネス会社を転々とするネットワークジャンキーはいまも存在するものの、最近は主催会社が彼らを活用するケースも減っている。

彼らにはネットワークビジネスのスタート時の瞬発力を期待されるけれど、売り上げが安定してきたら、お払い箱となる運命だ。会社側も利用するだけ利用して、あとは難癖つけて追い出しにかかるわけである。だからネットワークジャンキーは渡り鳥になるという悪循環が生まれているのだともいえる。

タヒチアンノニにもそういうグループが存在していた時期があった。これはもうネットワークビジネスの宿痾《しゅくあ》のようなものだ。

ところがこんな異変が起きたと、あるIPCリーダーが教えてくれた。

「そのビジネス志向のグループが全員、タヒチアンノニから他のネットワークビジネスにそっくり移るとみんな思っていたのですが、数人が移っただけでほとんどがタヒチアンノニに残りました。なぜだと思いますか。タヒチアンノニジュースのほうを取ったからです。

タヒチアンノニジュースが好きで、離れられなかった。製品が大切だったからです」

ネットワークビジネスは早いもの勝ちではない

よくネットワークビジネスはその主催会社の立ち上げに関わった人が成功する。早いもの勝ちといったセオリーが信じられている、あるいは流布されているが、タヒチアンノニの有力ＩＰＣを見ていると、必ずしもそうでないことがわかる。

「早いもの勝ちなんて迷信ですよ」

ほとんどのＩＰＣが異口同音に言った。開業してすぐでなく、数年ほど経過したときのほうがその会社のポリシーがよく見えてくるからだという。開業当初は会社側はいいことばかり並べるものだが、ある程度の期間が過ぎると正体があらわになっている。いや、すでに会社そのものが消えていることさえある。

たとえば、日本市場に本気で根を下ろそうと考えているとか、ビジネス中心主義でモチベーションを高めるのではなく、製品でファンを広げていくと言っていたけれど、現実は正反対だった会社は枚挙に暇がない。

「せっかく自分がいままで育ててきた信用があるのに、まったくわけのわからないところにいきなり身を投じるのはリスキーです。現に日本に進出してきてあっという間に消えてしまった会社はいっぱいあります。けれども、そのときに参加した人はみんなその会社がいいと思ったわけです」

と言うのは、ネットワークビジネスを二社経験している白水誓一である。ただ、開業時のデメリットと現在のデメリットを考えると、いつの時代もあまり変わらないような気がしているともいう。

「タヒチアンノニについても、いまと昔とどちらが好きかと聞かれれば、わけのわからない最初の混乱期よりも、自分がこのビジネスを選んだ理由をきちんと語れるいまのほうが断然いいなと思います」

ある程度成功したレベルになってくると、会社を見る視線も変わってきて、かなり本質的な面を見られるようになってきたからだという。

「それでもたった一回もこの会社に失望したことはありません。そういう意味では絶対に安心な会社、誠実な会社といえるでしょう。ひどくハングリーではないし、イケイケの会社ではない。そこが物足りないという人はいます。けれども私は一生付き合おうと思っています。多少おっとりしているくらいがいいのです」

白水いわく、タヒチアンノニ社はモチベーションをあまり変えない会社だから、会員に対してニンジンをたくさんぶら下げて「もっとがんばったらこうだよ」と目の前のインセンティブ的なモノを膨らませるようなことをしない。

彼がその前に経験した会社は、そういう意味ではタヒチアンノニ社とは対極に位置したという。

「たとえば私がエグゼクティブ・ダイヤモンドというタイトルを取得すると、東京のイベントに参加する場合に規定があるわけです。エグゼクティブ・ダイヤモンドはグリーン車で、海外の仕事はファーストクラスを使い、ホテルはスイートルームに泊まることが決まっているわけです。考えてみたら、その会社がディストリビューターに払っている還元率が低いからです。ファーストクラスやスイートルームなどを負担したところでたかが知れている金額なので、そちらのほうにカネを使うわけですよ。成功している人に対してだけカネを払ってモチベーションを上げようとする会社だからです。

ところがタヒチアンノニ社はあまりにそこのところがなさすぎで、会社側から呼ばれても、交通費は自腹でお願いしますと言ってきます。けれども、私はそういうところがものすごく好きです。本当にそういう意味では真面目な会社だと思います」

働き方の潮目が変わってしまったというのに、いまだにモチベーションをかけて働いてもらおうとする企業はネットワーク企業だけとは限らない。多くの企業が社員にノルマや競争を強いている。豊かさの正体が金銭ではないことを多くの人が気づいているのに、そのスパイラルから逃げ出せないでいる。それには「収入の安定」「雇用の安定」「身分の安定」といった金銭以外のさまざまな理由があるかもしれない。ただフリーランスとして一〇年以上個人で仕事をしてきた私から見ると、好きな仕事を見つければいいのにと思う。無責任に聞こえるかもしれないが、仕事は選べるし、働き方も選べるはずなのだ。その選択肢はこんな時代であっても多くある。その際、タヒチアンノニ社のようなヘルシーなネットワークビジネス企業も検討してみればいいだろう。

そもそも雇用する側の多くの企業は定年まで雇用を守るという意識はすでにない。雇用者の立場である限り、リストラや早期退職を余儀なくされる。いきなり解雇されて途方に暮れるよりも、「どう働くべきか」「どういう企業で働きたいか」ということを常々考えておかなければいけない時代なのである。

第五章

ディストリビューターを支える会社スタッフの姿

タヒチアンノニの工場で働く従業員

大切なのはそれぞれのIPCの立場に合わせること

ＩＰＣ（ディストリビューター）たちの本音を聞いたあと、今度は彼らを直接サポートする立場にあるタヒチアンノニ社のセールス＆ビジネスデベロップメント、セールス＆サービスの面々の声を聞いた。

セールス＆ビジネスデベロップメントは、マーケティング部署が策定した計画を実行していく部署で、会社主催のミーティングの開催、国内外のイベントの開催、アメリカ本部発のイベントの開催などを担当する一方、ＩＰＣとの架け橋的な役割を担っている。セールス＆サービス部署では、ＩＰＣのコンプライアンス全般を担当している。同社の地方拠点にはリージョナル・セールスマネジャー、彼らの下にアシスタント・マネジャー、営業補佐をするセールスプロモーションスタッフが配置されており、各地ＩＰＣのサポート体制を築いている。タヒチアンノニの会社の現場ではどのようなことが起きているのだろうか。

ＩＰＣは製品を購入してくれるお客さんであり、同時に最前線に出て製品を売ってくれる、世の中に広めてくれるプレーヤーでもある。ある意味では運命共同体ともいえるIPCとの意思疎通を図るために常に気遣っていることはなにか。

セールス&ビジネスデベロップメント　ディレクターの宮城邦夫《みやぎくにお》が答える。

「たしかに会社がIPCのみなさんに伝えたいことはいろいろとあります。もちろん人によってそれぞれIPCになられた理由があるので、取り組み方も違います。それにうまくアジャストさせる、IPCの方の立場に合わせることが大切ではないかなと思っています。相手を尊重することでしょうか」

ネットワークビジネスの社会的認知度が高まるのはこれからだ。そう強く意識する宮城が肝に銘じているのは、IPCの期待を一段上回るサポートである。絶対に避けたいのが、一度でも、ネットワークビジネスだからこの程度の社員なのだといった印象を与えることだ。

健全なネットワークビジネスを進めていくうえで、守っていくべきものをきちんとIPCに伝えていく。これが宮城に求められている。

現在はIPCが製品勧誘時、説明時に言ってはいけないことが山ほどある。

会社説明会、サクセスパス（研修会）のなかで宮城がとりわけ気を付けていることが、二〇〇七年あたりからどんどん厳しくなっている薬事法の絡みだ。薬事法を遵守しながらどのようにノニの価値を伝えていくのかを常に意識しなければならない。もちろん特商法（特定商取引に関する法律）の部分もかなり神経質にならざるを得ない。

薬事法スタンダードよりもハードルを少し高めに設定

消費者センターに出向き、主にタヒチアンノニ社のＩＰＣに関する問題が上がっているのかどうかを調べるのが同社のコンプライアンスを担当するセールス＆サービス部署になる。セールス＆サービスディレクターの浅井直也《あさいなおや》にも話に加わってもらった。

「薬事法の問題に関しては、具体的な体験を話すのは『不実の告知』になるので駄目だと伝えていますが、なかには勘違いされている方もいて、自分の体験であれば言ってもいいのではないかと思われています。ウソではなく本当なのだからということです。しかし、法律的には違います。相手がどう受け取るのかが問題視されるからです」

浅井が続ける。

「ご存知のように、日本の薬事法は不明確な定義になっています。その定義付けを私共のコンプライアンスが独自に行っています。その定義はどちらかというと厳しいです。たとえば、マーケティング部署のほうから、こういう新聞広告があったので、同じような新聞広告を打ちたいと私共に打診されることがありますが、ほとんどのケースで却下されます。

なぜならば、ネットワークビジネスなので、これを濫用《らんよう》というか、悪用する恐れがあることから、スタンダードよりもハードルを少し高めに設定してあるからです。つまり、グレーラインに行かないように注意しているわけです」

ＩＰＣ向けの社内会報誌でも同様のコードで対処している。

つまり、タヒチアンノニジュースと出会うことによって、明るい生活が実現できたというような表現はするけれど、これで病気が治った、病気に効いたという表現は許されないのだ。ポジティブな考え方ができるようになったとか、ライフスタイル自体が変わったという表現にせざるをえない。

みなしごハッチをなくせ

ＩＰＣのなかには必要なときだけ助けを求めてくる人もいれば、毎回相談を持ちかけてくる人もいる。また、会社対ＩＰＣの関係ではなくて、ＩＰＣ対ＩＰＣで問題が発生していることもある。

たまにアップラインの人と離れたところから登録されて、何の情報も降りてこなければ援助もない〝みなしごハッチ〟的なＩＰＣがいると宮城ディレクターが言う。

「これはわれわれの会社だけでなく、ネットワークビジネスの業界にありがちな現象なのですが、そうした人をどこまでケアできるか。これをしっかりとやらないといけません」

そういうケアができれば、ひょっとしたらその人が大変身を遂げる可能性があるということなのだろうか。宮城にたずねた。

「タヒチアンノニ社のＩＰＣのなかで一億円以上のコミッションをとった方をキャリアアチーバーとして認定させてもらっていますが、その人たちが以前から凄かったかというとそういうわけではなかったのです。

ある方は借金を背負ってスタートされましたし、ある方はその日暮らしのような生活をされていました。それが自分の努力によって、現在のライフスタイルを築かれたわけです。だから、みなしごハッチがいつ変身するかはわかりません」

宮城は、IPCでうまくいく人には共通点があるという。

「成功者といわれる方と話をして共通しているのは、『最後まで諦めない』人だと感じました。この仕事で自分はやっていくのだと決意されている方です。私が応援したなかではそういうタイプの成功者がいちばん多かったと思います」

ミッション、ビジョン、パッション

ところで、一時期は相当いたネットワークビジネスを渡り歩いて荒稼ぎを謀《はか》るネットワークジャンキーたちは本当に駆逐されたのだろうか。IPCのリーダーたちに聞いたことをここでも聞いてみた。これについては、マーケティング部の勇ディレクターが説明役を買って出た。

「かなり淘汰《とうた》されたのではないでしょうか。ただ、昔ほど多くはありませんが、いまでもそういう売り込みがときどきあります。ある会社がけっこう大きな金額であるグループを買ったものだから、味をしめた人たちがいるのですね。彼らが業界を悪化させている。つまり、ネットワークビジネスを『持続可能なビジネス』にさせなくしようとしています。

タヒチアンノニのビジネスもそうだと思うのですが、最終的にネットワークビジネスの原動力になるものは、ＩＰＣの方々の会社に対する、製品に対する、あるいは報酬プランに対するパッション（情熱）だと思うのです。そういうパッションをお金で買えるのかといったら買えないと思います」

タヒチアンノニの創業メンバーの一人であるケリー・エイシーは「タヒチアンノニが成功するために三つだけ持ってほしいものがある」と語っている。それがミッション、ビジョン、パッションで、それぞれの頭文字をとるとＭＶＰとなる。使命感と先見性と情熱を持つならば、それをお金でどうこうすることは絶対にできない。

勇ディレクターは、同社有力ＩＰＣのリーダーの多くにはそれが当てはまると言う。

「タヒチアンノニに魅かれた方々が、われわれの会社の一番の財産なのです。雇用形態がないにもかかわらず、ＩＰＣリーダーの方のがんばりには頭が下がります」

これまで紹介してきたように、ＩＰＣリーダーたちはそれぞれ独自のスタイルでセミナーやイベントを開催しているが、それらのすべては彼らの経費でまかなっている。彼らのリスクで、事業の一環として行っている。彼らにミッション、ビジョン、パッションがなければ、説明がつかない。

愛用者が九割という現実

一般的な数字として、ネットワークビジネスの製品購入者のうち八割は愛用者で、二割が製品を広めるビジネスに参加するといわれている。意外にビジネスに進む割合が低い。これがタヒチアンノニになるとさらに極端な数字が出てくる。買うだけの愛用者が九割を占めているのである。この数字は裏を返せば、タヒチアンノニ社にはまだビジネス参加者層を増やせる潜在力があることを示している。

「この傾向は非常に顕著でして、タヒチアンノニジュースの愛用者向けのセミナー、つまり健康セミナーにはものすごく人が集まります。たとえば回虫の話で有名な藤田紘一郎先生をお呼びしたときには新宿のノニビルに七〇〇人も来られました。

ところが、ビジネスのセミナーになると極端に少なくなります。この愛用者マインドは

飲むレポキャンペーン参加者の定着率の推移

	参加者	非参加者
4カ月目	95%	81%
6カ月目	89%	70%
12カ月目	70%	47%

本当に顕著なのです」（勇ディレクター）

だが、一方ではこういう例もある。

「愛用者のためのセミナーは、各エリアのセールスマネージャーたちが企画して行います。愛用者でうちの製品を使っているうちに、これだったら人に紹介できるという確信が持てるようになってビジネスをやり始めるケースは本当に多いのです。

会社で『飲むレポ』という定着率をあげるプログラムが実際にあります。登録してもらい、続けて飲んでいただけると、タヒチアンノニジュース七五〇ミリリットル分をプレゼントしますというものですが、登録した人の四カ月目を見ると九五パーセントがリピートしています。

ふつうのネットワークビジネスの主催会社では三カ月でだいたい八割は消えます。歩留まりは二割と

いうことです。そういうところから見ていくと、いかにタヒチアンノニに製品力があるのかが理解できます」（宮城ディレクター）

今後、新製品導入はじめさまざまな変化が予測されるなか、ＩＰＣとの関係強化はますます重要となってくる。

そこで一番恐いのがタヒチアンノニジャパンが発信した情報が各ＩＰＣに正しく伝わらないことである。いかに誤差を生じさせず、シンプルに、現場のＩＰＣの立場に合わせた情報発信できるかが彼らに問われている。

第六章

タヒチアンノニに許される
無限の可能性

ノニの果実。この可能性は大きい

独特なアクセスマーケティング

タヒチアンノニがネットワークビジネス会社らしくないのは、同社のマーケティング戦略にも如実に現れている。

一般的なネットワークビジネス会社と大きく異なるのは、同社がさまざまなフィールド、あるいはマーケットにアクセスしていることだ。これを同社ではアクセスマーケティングと名付けている。

カタログ通販、ウェブショッピング、店頭小売り販売の形で、タヒチアンノニジュースはじめ、ティー、サプリゼリー、スキンケア、ボディケア、ヘアケア、ウーマンズヘルスなど約五〇種類のタヒチアンノニブランド製品を販売中である。

なかでも中国での店頭販売の売り上げが大変な勢いで伸びているという。ネットワークビジネスが解禁されていない中国だが、すでに同社は上海、青島、北京、杭州、重慶、広州など八拠点を持ち、解禁に備えている。広東省広州市にボトリング工場があり、そこから各店にデリバリーされる。特に上海店の売れ行きは凄まじいそうだ。

ただ、カタログ通販、ウェブショッピング、店頭小売り販売での市場へのアクセスは、他のネットワークビジネス会社でも規模の大小はあれ、そう珍しいものではない。

その点、ノニカフェと呼ばれる飲食店の展開は、同社ならではのものだろう。タヒチアンノニの愛用者でなくとも、ビジネスに関わっていなくとも、ノニカフェに行けば、誰もがタヒチアンノニジュースやタヒチアンノニリーフティーを飲め、ノニカレーを食べられる。タヒチアンムードにあふれるノニカフェは、訪れる人々に自然な形でノニの恵みをアピールしている。

アクセスマーケティングの白眉は、他業界の有力企業とのコラボで製品開発を行い、ダブルブランド製品を一般市場に投入していることだろう。こうした展開はあまり聞いたことがない。通常、ネットワークビジネス会社にそれだけの技術力の背景がないからだが、同社が別格である証左ともいえる。

大手商社との共同開発製品のタヒチアンノニリーフティー、大手食品会社との共同開発製品であるタヒチアンノニソフトキャンディーはその一例である。

二〇一〇年一月末、同社の初代日本支社長であり、現在は日本担当マネージングディレクターのブライアント・ワズワースに会ったとき、彼は現在開発中でヒットしそうな製品があるのだと明かした。

「アクセスマーケットの一環として、ある食品を日本の大手メーカーと共同開発したいと思っています。その食品は賞味期間が短いので、一般消費者に気に入ってもらえれば、そのリピート性から面白い展開になるでしょう。それが発売され、一般店舗の棚に置かれているのを見つけたIPCの方はそのことを誇りに思いながら活動することができるのではないでしょうか」

価格設定をたずねると、こう返された。

「価格に関しては、一般市場に適った価格設定を検討していますので、それで流通を広めたいと考えています」

ブライアントははっきりとは言及しなかったが、この食品は一般消費者向けにかなり周到に考えられたノニ製品のエントリーモデルではないだろうか。まずは日用品としてアプローチし、将来、主力製品のタヒチアンノニジュースの愛飲者に育てようとする狙いである。

こうした一般市場に向けてのアクセスは、タヒチアンノニ社だけに許されたチャレンジであり、同社がそれだけのポテンシャルを秘めているから、他社とのコラボが実現しているのだと思う。

だが一方で、せっかくのポテンシャルを持ちながら、他企業とのコラボ開発のスピードが遅いと指摘するIPCがいるのも事実であることを報告しておこう。

身震いするような可能性を持つモリンダ農法

アクセスマーケティングは他社との共同開発製品だけにとどまらない。途方もないノニの可能性を感じさせるのが、同社がノニを使用する農法、「モリンダ農法」の確立に地歩を固めていることである。

勇ディレクターからなぞかけのように、「私たちがノニの可能性にこだわる理由がミッションステートメントに表れています」と言われたので、いま一度ジョン・ワズワース社長が掲げるミッションステートメントを見直してみた。

「タヒチアンノニ製品には自然の力があふれています。この優れた力によって私たちの人生は変わりました。私たちの使命は、そのストーリーを伝えることにより、地球上のすべてのものに恵みをもたらすことです」

なるほど。地球上のすべての人に恵みをもたらすのではなく、「すべてのもの」になっているのは、その対象が人類だけでなく、動物や植物も含まれるからか。

ノニを活かしたモリンダ農法の研究者でもあるブライアント・ワズワースからこんな話を聞かされた。

「ハワイ大学のアン・ヒラズミ博士の研究によって、ノニが動物に対して素晴らしい働きをすることが認められてきました。博士はタヒチアンノニにかかわってからずっと研究を続けてきた方です。

博士には犬がいて、体調が思わしくなく、死にそうな状態でした。ハワイの自宅で、お母さんが裏庭に生えていたノニを餌に混ぜて食べさせたらどうかと話したそうです。ダメモトと覚悟を決めて、それを与えた。すると翌朝、なんと犬が元気になって家のなかを駆け回っていたのです。

そのとき彼女自身、ノニの動物に対する免疫が実際に働いているのかを研究しようと決意した。そしてT細胞に対してノニが働きかけをすることを、アン・ヒラズミ博士は認知したのです。

ジョンがタヒチアンノニのビジネスを立ち上げて、私と話し合っていたときに、アン・ヒラズミ博士の研究成果が伝わってきました。われわれは、これは人間だけでなく、動物に対してのノニの可能性をさらに模索する必要があるのではないかと考えました。

われわれはそれから四年以上研究を続けました。豚、鶏、七面鳥、鹿、牛などさまざまな動物に対して同じ設定で研究をしました。生まれた直後、少し成長した時期、ノニを与える量、同じ形でそれぞれの動物にノニを与えながら、研究を続けました。

同時に、ノニの植物に対する研究も行っています。トウモロコシ、ジャガイモ、麦、綿、豆などさまざまな穀物。植物に対しても、成長過程で生産性に注目しながら、研究を進めてきました。

その結果、タンパク質の向上がそれぞれの植物（穀物）のなかで上昇が見られたのです。人間、動物同様、植物に対しても免疫の働きが同時に行われていることが判明しました。生きているものですから同じということです。植物自体はわれわれ人間のように動き回ることはできないから、自分を偽ることはできません。

われわれは動物、植物にかかわる研究を重ねたうえで、他の企業に興味を持ってもらい、現在、協同研究している状況です」

ということは、タヒチアンノニ社はノニという植物で世界の農業を変えようとしている。そういうビジョンを持っていると理解していいのだろうか？

「ええ、その可能性はあります」

ブライアントはしっかりした日本語で返してきた。

では、農薬を使わないで済む農業が実現できる可能性が出てくるのだろうか？

「すべての農薬をやめる可能性はないでしょうが、ノニを農業に使うことで、代用できることで農薬の使用量を抑圧できる、大幅に減らせるというビジョンを持っています。現在は農地を耕すときにいろいろな薬品を噴霧するのですが、本当は土、植物を細胞レベルで痛めてしまいます。ノニを使うことによって、薬物を使わなくて済むことで、コスト的にもセーブすることができる。それを実験の結果で得ることができました」

思わず身震いするような内容である。だが、これは実際に現在進行中のプロジェクトなのだ。

ＩＰＣの面々もおおいにモリンダ農法の進捗《しんちょく》に注目している。

有力ＩＰＣの一人である高谷功はこう語っていた。

「二〇一〇年一一月二三日のニューヨークのデイリーニュース紙に『アーカンサス州立大学と共同で特許を申請した』ことが掲載されていました。これが実現すると、肉の保存期間が飛躍的に延びることになります。おそらく防腐剤業界において非常に注目される成分になるはずです。要するに、毒性がないわけですから、きわめて面白い商材になると思います。

ノニが新たな産業として大きくなっていくなかで、私たちが少しでも関わりが持てて、そこからメリットが得られれば有り難い。ノニというひとつの商材が本当に大きな可能性を秘めている。おそらく私たちも一生この仕事をやっていくようになるのではないでしょうか」

IPCのなかでモリンダ農法の確立にもっとも熱い思いを抱いているのは荘司英俚子かもしれない。

「農薬が不要、化学肥料も不要になるかもしれない農法です。肥料や飼料にもノニを使うと、家畜の成長を早めるという結果が出ているそうです。市場に出すサイクルが早くなるというメリットもありますが、なによりもホルモン剤を使わなくて済む肉を私たちが食べられることがすごい。土壌も汚染しないので、結果的に海も汚染しません。さらに私はノニの強力な洗浄力にも注目しています。たとえばノニ洗剤が開発されるなら、海の汚染が減るでしょう。ノニを人間だけでなく、肥料・飼料、洗剤、農法にも取り入れることができるならば、ずいぶんと世の中が良くなるのではないかと思うのです。私のノニをバックアップしようという気持ちは誰にも負けません」
研究が進めば進むほどさまざまな可能性が引き出され、IPCたちのモチベーションを高められるノニの底知れぬ力をあらためて思い知らされた気がする。

イリドイド分野のトップランナーを狙う

ノニには一五〇種類を超えるバイオアクティブ（生理活性）成分が含まれていることはよく知られている。だが、そのなかでもどの成分がノニの良さを引き出しているのか、その答えを求めてこれまで研究がなされてきた。

先に紹介したラルフ・ハイニキー博士らはゼロニンがそれだとする仮説を立ててメカニズムを解明したものの、科学の世界では認知されなかった。これを証明するに十分な実験結果を揃えられなかったからだ。

ところが最近になって、ノニが持つイリドイドという成分が強く作用していることが証明されるに至った。それを契機に、タヒチアンノニ社では生理活性を強く促すノニのイリドイド成分を核とする製品開発が進められてきた。

ジェフ・ワズデン副社長がこう説明する。

「イリドイドがとても優れているのは、たとえばフラボイドやカロテンのように失活化せずに体内で活性化し、抗酸化力を持ち、効力が安定的であることです。イリドイドがひとつの病気だけではなく、多くの種類の疾病や健康に対する効力を有していることがわかってきました。多くの種類のバイオアクティブ（生理活性）成分が入っているからです。それを私たちはアダプトゲンと呼んでいます。ひとつのものがひとつの病気に対応するのではなく、ひとつのものが多くのものに対応するのがアダプトゲンなのです」

このイリドイドの認知度はアメリカでは急上昇中で、グーグルで調べると、二〇一〇年二月と八月を比べると、検索ヒット数が四・五倍に跳ね上がっていた。そのほとんどがタヒチアンノニ社から発信したものだ。

ようやく日の目を見たイリドイド。同社では現在、イリドイド研究でさまざまなサンプルを作成中である。それを基に世界のイリドイド研究のトップランナーになろうと目論んでいるからだ。すでに昨年八月、同社は世界中のイリドイド研究者などをアメリカに招き、一〇〇人規模のイリドイドシンポジウムを開催している。今後も規模を膨らませながら定期開催する計画で、イリドイド分野を牽引していく。その裏側には、当然、イリドイドの知的財産を得るという戦略が横たわっている。

同社の主力製品がタヒチアンノニジュースであることは不変だが、新機軸としてイリドイドを前面に打ち出したジュースを開発、二〇一一年から日本市場に投入される。イリドイドはノニにだけでなく、ブルーベリー、オリーブ、杜仲などの植物にも含まれる。ノニのイリドイドと他のイリドイドを混ぜることでアダプトゲンとしての幅を広げたのが新製品の特徴で、イリドイドの含有量により価格帯を設定した。

ジェフは強気だ。

「製薬会社がつくる新薬の七〇パーセントは自然の原料からつくられています。製薬会社は自然界に存在するバイオアクティブを特定し、培養、合成します。そしてバイオアクティブを濃縮し、薬として販売します。研究所と工場で合成できるので、われわれの会社のように、遠いタヒチでノニを採取する必要がなく、価格を安くすることができます。

ところが、私たち人間の体というのは、培養、合成、濃縮されたバイオアクティブを利用するようにはつくられていません。その結果何が起こるかというと、副作用です。私たちの体にとって安全でなければならない、安定的でなければならないことを優先するならば、自然な形でつくられるということがとても大切になります。さらにわれわれのイリドイドジュースは多くの科学的な根拠で補強されています」

日本市場にはタヒチアンノニジュースにオリーブの葉由来のイリドイドを加えた「エクストラ」はじめ数種類のイリドイド製品群が導入される。

現在、日本市場におけるタヒチアンノニジュースの売り上げは全体の九二パーセントを占める。総売上を三〇〇億円（著者推定）とすると二七〇億円にものぼる。単一製品としてはまさにお化け製品と言ってもいい。

このジュースにあまりにも依存する状態をリスキーと考えるのか、これをマーケットの声として受け止めるのかは考えが分かれるところであろうが、少なくともアメリカ本部は新たな動きを見せ始めた。

すでにＩＰＣへのインタビューで紹介したように、ＩＰＣの評価は現時点においてまだら模様である。

バイオアクティブ企業への脱皮

今回取材に応じたアメリカ本部のエグゼクティブたちの口からふたこと目に飛び出す言葉が「バイオアクティブ（生理活性）」だった。

ジョン・ワズワース社長への取材は小一時間ほどであったが、そのなかでもバイオアクティブ企業への脱皮がメインテーマとなった。

「われわれの目標は、生理活性を持つ製品のメーカーとして、流通業として、世界一の企業になることです。ＩＰＣを通じ、さまざまなアクセスによってそれを提供することができるようにしたい。そのことで人々が健康な生活を送るために多大なる貢献ができると考えています。

われわれはノニ業界をリードしてきましたが、これからはバイオアクティブ業界を開拓し、リードしていく企業になっていきます。バイオアクティブ市場をノニ同様、そのリーダー、管理者として大きく拡大していきたい。バイオアクティブをより多くの人に伝えるのがわれわれの仕事と思っています。

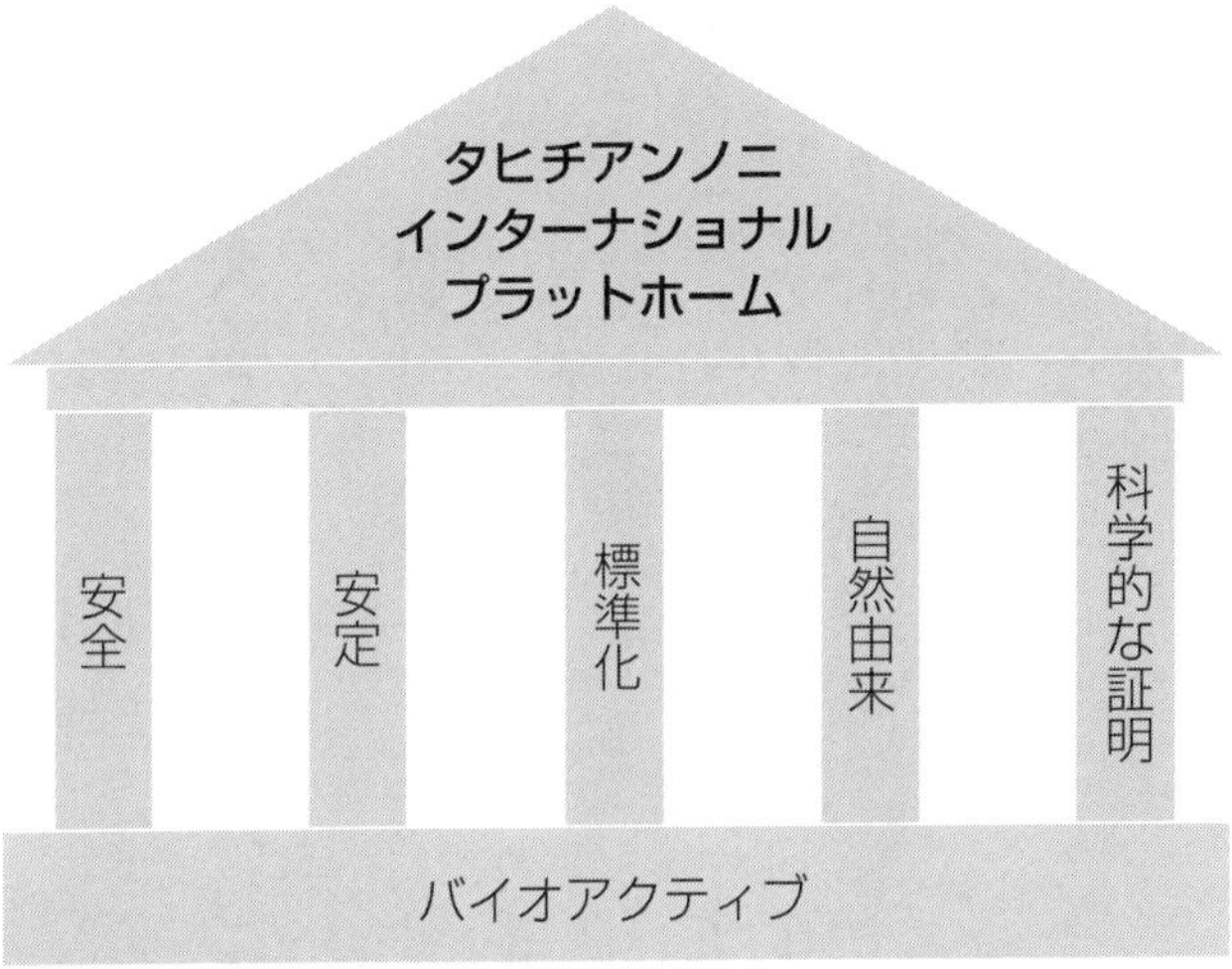

バイオアクティブをわれわれの新しい土台とし、市場を拡大するため、新しいバイオアクティブ製品がこれからどんどん出てきます。それらは研究に裏打ちされた安全で安定した良質の製品で、業界をリードするにふさわしいものです。詳細はこのプロジェクトの成功を最大のミッションとしているジェフに聞いてください」

ノニがベースの企業であることは不変だが、市場開拓のためのアプローチの方法は常に変革していかねばならないという決意がジョン・ワズワース社長から伝わってきた。

次にジェフ・ワズデン副社長がワズ

ワース社長の言葉を引き取り、同社のバイオアクティブ戦略について、より具体的に、深奥まで踏み込んで語り始めた。

食品最大手ネスレが参入してくるバイオアクティブ分野

先日、移動中の機内で、ジェフはニューヨークタイムズ紙にきわめて興味深い記事を見つけたという。それは世界最大級の食品会社ネスレについての記事だった。

要約すると、「健康に良い食品」に未来があると考えているネスレは糖尿病、肥満、循環器系疾患、アルツハイマー病などの症状を軽減させるための新たな製品ラインを開発中である。ネスレの最終的な目的は、食品と薬品の機能を併せ持つ製品で新たな産業を興し、そのパイオニアになることであるというものだった。

言うまでもなく、植物由来のバイオアクティブ成分は、現代社会の健康問題を解決する自然からの回答である。ジョン・ワズワースはネスレがそれに気づくはるか前から、この産業をスタートさせていた。タヒチからノニピューレジュースを受け取ったとき、彼はノニの能力が健康の諸問題の解決になるとわかり、開発を始めていた。

人間は地球上で唯一、不健康な加工食品をつくりだし、嗜好することができる動物だ。合成でできた医薬品など不自然なものは、自分の体を壊すことさえある。このようなものを定期的に摂取すると、まず体のバランスを崩す。代謝バランスの損失は免疫システムを侵し、炎症を起こさせ、酸化ストレスを誘発するからである。そうすると、体力は弱り、アンバランスを修復するためにエネルギーを浪費することになる。

健康体から病気への道程は、代謝のアンバランスから始まる。ときにそれは、疾病となったり、死をもたらしたりする。

タヒチアンノニ社の解決案は、言うまでもなく、代謝のアンバランスの解消にある。イリドイドなど薬用植物にたくわえられる成分はアダプトゲン作用を有し、体のバランスを副作用なく正常化させる。これは誇大表現ではないし、希望的観測やジェフたちの願いではない。真実なのだ。科学はこの部分に根拠を持たせているのである。

「われわれはできるだけ多くの人に、毎日、自然なバイオアクティブ成分をとってもらいたいと思っています。エクササイズ、健康的な食事、休息と組み合わせることで、世界の健康の諸問題は解決されるでしょう。それらは安全で、安定していて、標準化され、科学的根拠のある自然物に含まれているからです。これは地球上でもっとも輝くビジネスチャンスではないでしょうか。われわれと同じように、ネスレや他の企業はそれを知っているのです」

肥満はメタボリックシンドロームを起こす。アメリカ・ハート・アソシエーションによると、メタボリックシンドロームは死亡に至る疾病の原因であることがわかっている。アイスクリームや菓子類の世界で最大のシェアを持つネスレのビジネス活動が肥満を起こしてきた。しかしいまやネスレは、健康に良い食品の分野に狙いを定めて大きく舵を切りつつある。おそらく近い将来、ネスレはバイオアクティブ食品分野に堂々と乗り込んでくるとジェフは見ている。

「われわれはこのビジネスチャンスをどうしてもものにしたい。そして、この業界のリーダーになりたい。もしもいまのビジネスモデルの強みを生かし、だれと競合するかを正確に知ればそれは可能だと思っています。

『報酬プラン』を中心にみると、われわれの競合会社は誤った方向にいきやすい。ネットワークビジネスの報酬プランがあるので、われわれを『チャンスを売る会社』だと考える人がいます。その視点ならば、われわれの競合会社はネットワークビジネス企業になるでしょう。

しかし、事実は違います。ネットワークビジネス企業はわれわれの競合相手ではありません。われわれがバイオアクティブ産業をつくる姿勢に対して、多くのネットワークビジネス企業は興味を持たないだろうからです。彼らはわれわれが目指すもの、所有するものを理解することができません」

ネットワークビジネス企業は所詮ビジネスチャンスを提供するだけにとどまることが多い。一般的にネットワークビジネス業界では、収入のみが話され、消費者や消費の文化を築くことをしない。そのためネットワークビジネス業界の存続率は低くなる。すべてのビジネスを長期的に存続させ、発展させるのは顧客であるからだ。

「われわれの競合会社は、ネスレなど一般市場において同じ問題解決に取り組む会社になります。幸運なことに、われわれは一歩前を進んでいます。われわれには五〇を超える特許があります。サプライチェーンがあります。口コミがあります。これらはすべて、新しく説明が必要な製品にもっとも適しているものです。そして薬用植物からつくられ、八〇カ国以上に流通される製品があります」

この大きなビジネスをつかみとり、消費者を増やしていくため、IPCとスタッフはチームを組み、感じ取り、考え、行動を起こさなくてはならないとジェフは言う。

「つまり、典型的な『早く金持ちにならないか』と誘うネットワークビジネスのビジネスモデルから完全に脱却する必要があるのです。このようなアプローチはわれわれの製品の価値を落とすだけだからです。

これまで以上にパートナーとしてＩＰＣと歩調を合わせ、個人個人の健康問題を解決するために完璧なチームワークをつくるのです。真実の価値を伝える必要があるし、毎日飲んでもらうように習慣をつくる必要があります。すばらしい経験を体感すれば、その感動を他の人々に伝えたくなります」

ポジティブな口コミはブランド力をより速く築き、より遠くまで行き渡らせることができる。これはテレビ広告よりも速く、深く浸透するものだ。ポジティブな口コミはやがて顧客の扉を開くことに成功する。

競争が激しく、移ろいやすい市場のなか、勝ち組企業は進歩の速度を速め、イノベーションを繰り返している。

タヒチアンノニ社は、バイオアクティブ分野のプラットフォーム（根幹）企業を目指しているはずだ。そうなることで、関連する知的財産をあらゆる方面から集積し、価値を与え、幅広いニーズに対応でき、競合企業に対する優位性を保てるからだ。結果、プラット

タヒチアンノニ社の価値観

フォーム企業はスピーディーにイノベーションを行い、市場に適切な製品を提供し、競争に勝利をおさめることができるからである。

最後にジェフは、ネスレのような巨大企業に勝利するために、ネットワークビジネスを続けることが絶対条件だと断言した。「ネスレは新しいタイプの製品をつくっても、それに対するアプローチに特徴がありません。アイスクリームやお菓子を売るチャンネルで、その製品を販売するからです。

伝統的な小売販売店は薬用植物からつくられたバイオアクティブ製品を販売するのに苦労するでしょう。なぜなら、その製品はあまりに新しすぎて、あまりに説明しづらいからです。製品を購入し、体験を持つ人は少ないでしょう。なぜこの製品が良いのか、情報を提供できる小売業も少ないでしょう」

口コミビジネスはいまなお新しく、革新的で、深い意味のある製品に適しているということである。

この新たなバイオアクティブ分野での成功は、個人的な経験を伝えることで可能になる。なぜこれほど製品が良いのかを、新規の顧客に伝えることで可能になる。そして、人々を助けるというタヒチアンノニのミッションをIPCが真摯《しんし》に受け入れることで可能になる、とジェフは結んだ。

第二創業期を迎えるタヒチアンノニ

二〇一一年一月末、わたしはこれまで部外者絶対立ち入り禁止とされていたタヒチアンノニインターナショナル主催の「ジャパン ダイヤモンドパール ミーティング」の会場にもぐり込んでいた。

同社では毎年この時期にアメリカ本社から社長はじめボードメンバーが来日、タヒチアンノニジャパンの幹部とともに、招待したダイヤモンドパール以上のＩＰＣに対して、新年度の経営方針や目標設定などを伝え、エールを送る習わしになっている。

東京・目白のフォーシーズンズホテル椿山荘東京のボールルーム。フルコースの食事がふるまわれ、いままさにジョン・ワズワース社長のスピーチが始まろうとしていた。

集まったＩＰＣの数はざっと二〇〇人くらいだろうか。取材に応じてくれたＩＰＣも何人か見かけた。

ざっと200人以上のIPCが集まった2011年1月のミーティング

ジョン・ワズワース社長のスピーチの内容にそれほど目新しいものはなかった。それまでの取材の確認作業のようなつもりで耳を傾けていると、周囲がざわめきだした。唐突に社長が反省の弁を述べ始めたからだった。
「これまでのわが社の歴史をふり返ると、これはＭＬＭ業界ではよくあることですが、ＩＰＣのビジネスチャンスを作為的に煽《あお》るために、ＩＰＣのモチベーションを作為的に高めるために、邪道に走ることがありました。われわれも邪道に走ってしまった経験があることを私は認めます。しかし、これからは決してそういうことはやらないと決意しています。われわれはその非をここに認めて、もう二度と道から逸れることはないとＩＰＣのみなさんに申し上げます」

ジョンは、ＩＰＣに対して購入をあおるような戦略が行われたことを悔やんでいた。

これはネットワークビジネス企業のなかでは、思い通りに成績の上がらぬディストリビューターをつなぎ止めるための常套《じょうとう》手段のようなものだが、ビジネスを持続可能なものにするというタヒチアンノニの思想とは矛盾する。こうした方法は未熟なＩＰＣを調子づかせ、タイトルも上げさせることが多いけれど、結局、タイトル維持のためにたくさんの製品を買わなければならなくなる。これは健全なネットワークビジネスを売りものにするタヒチアンノニ社の文化に合わない。

壇上のジョン・ワズワース社長は明らかに恥じていた。皮肉でもなんでもなく、私はその姿にジョンの強さを感じた。取材に同行してくれた業界に詳しいジャーナリストが耳打ちしてきた。

「いやあ感心しました。こんなものはこの業界ではよくある話なので、ただし、それが間違いだったとはっきり言える経営者を初めて見ました」

確かに通常の企業においても経営トップが過ちを認めるのは、たいへん稀で、勇気のいることだと思う。よほどの不祥事以外は寡聞《かぶん》にして聞かない。ある種の風通しのよさと会社の姿勢が透けて見えた出来事だった。壇上では話題をバイオアクティブに切り替えたジョンが滔々《とうとう》としゃべりだした。

IPCの一人はこう受け止めていた。

「アメリカも日本も創業から数年間は爆発的に伸び、その後は伸びが鈍っています。なぜだろうと私も思いました。そこで試行錯誤を重ねて、右に行ったと思ったら左に行くみたいなことがあったのです。それでジョンが社長になってから、やっと落ち着いてきました。ジョンはノニフルーツを見つけた本人でもあり、基本的には経営者というよりは、化学者だと思います。いいモノを作り出し、世の中の健康に貢献したいという情熱を強烈に持っている人物です。彼が責任者になって指揮をとると聞いたとき、ある意味、この会社は原点に戻っているなと直感しました」

同感だった。

私が今回の取材を通じて感じ取ったのは、タヒチアンノニ社が第二の創業期を迎えようとしていることだった。ジャパン　ダイヤモンドパール　ミーティングにおいてジョンの口から飛び出した反省の弁もそれをかなり意識したものではなかったか。

バイオアクティブ業界のトップランナーになるという目標。イリドイドを売りものにした新製品群の投入など一連の動きはすべて第二の創業期を迎えるために連動させてきたと考えれば、ストンと腑《ふ》に落ちるのだ。

この第二の創業期のスタートダッシュ如何《いかん》で、タヒチアンノニ社が真の持続可能なビジネスを提供できる企業なのかどうかが決まるのだろう。

おわりに

タヒチアンノニ社への取材が始まり、すぐに気づいたことがある。

この会社にはネットワークビジネスにたずさわる会社から少なからず漂ってくるコンプレックスの匂いがまったく感じられないのだ。コンプレックスゆえに他社に対して攻撃的であったり、秘密主義的であったり、唯我独尊にすぎるのが、わたしの知るネットワークビジネス会社に通底する姿だった。

人間に人柄があるように、会社には社柄（社風）があり、それが社員や関係者を染め上げていくものだ。タヒチアンノニ社の社柄とは、生真面目さと物腰の柔らかさが同居しているところだと言ったらわかってもらえるだろうか。

本書では成功するネットワークビジネス企業の条件として、三つの要素を挙げた。

おさらいをすると、第一に、優れた製品を持っていること。世の中のネットワークビジネスの多くは、はじめに製品ありきではなく、はじめにビジネスありきだからいかがわしくなる。第二は、ネットワークビジネス企業のトップが際立った経営理念を持っていることである。第三は、ディストリビューターに優しい収入システムである。

これらを満たすヘルシーなネットワークビジネス企業は、タヒチアンノニ社のほかにも少なからず存在している。

一連の取材を通じてもっとも印象に残っているのが、ディストリビューターたちの意識の高さであった。それぞれ表現方法は異なるけれど、タヒチアンノニ社の経営理念を咀嚼《そしゃく》し、血肉とし、自立的な行動の礎《いしずえ》にしている。

二〇一一年三月に発生した東日本大震災は膨大な犠牲と引き換えに、われわれに人間の根源的な幸せとはなにかを問いかけてきた。それが「共生」だとしたら、本物を伝える使命感が必要とされる本来のネットワークビジネスは、今後、あらためて強みを発揮するにちがいない。


最後になったが、本書の執筆にあたっては、大変多くの方々にご協力をたまわった。まず、超多忙にもかかわらず長時間の取材に応じていただいた一二人のＩＰＣの方々には深く感謝したい。また、アメリカ本社のエグゼクティブをはじめとするすべてのアポイントを仕切っていただいたタヒチアンノニ・ジャパンの勇ディレクターには多大な支援をいただいた。そして筆の遅い私に編集者として理想的な追い込みをかけ、短期間に本書を仕上げてくれたビジネス社の唐津隆氏にも感謝の言葉を述べたい。

二〇一一年四月

西新宿のタヒチアンノニカフェにて

加藤鉱

参考文献

『超免疫力』ビジネス社　モリンダシトリフォリオ研究会　橋爪勝
『信念の人』近代消防社　アクト企画
『マルチ・レベル・マーケティング』ダイヤモンド社　小林忠嗣
『マルチ商法問題の法律と実際』ダイヤモンド社　坂井清昭
『「個の活力」が未来を変える』ビジネス社　船井幸雄
『財を築けるネットワークビジネス』現代書林　荘司エリコ
『ネットワークビジネス9の罠』ビジネス社　マイク・カキハラ
『ネットワーク・ビジネスの基本がわかる・できる』ビジネス社　松尾俊和

[著者プロフィール]

加藤鉱（かとう・こう）
ノンフィクション作家。愛知県生まれ。立教大法学部卒。雑誌記者を経て、1992年、香港で日本語オピニオン紙サイノエイジア・ファックスラインを創刊。過渡期を迎える香港をレポートする一方、独自の視点で企業および人物を追跡。95年、週刊ダイヤモンド誌上に発表した“ヤオハンレポート”は読者に衝撃を与えるとともに、それまで礼賛一辺倒だったマスコミのヤオハンに対する評価を一変させた。10年間の香港在住を経て現在は東京を拠点に活動中。主な著書に『再生したる！』、『旧社名に未練なし』、『中国ホンダ経営会議』（以上ビジネス社）、『まやかしだらけのプライベートブランド』『チャイニーズリスク』（以上講談社）、『香港返還で何が起きるか』（ダイヤモンド社）、『ヤオハン無邪気な失敗』（日本経済新聞社）、『トヨタがプロ野球を持たない理由』（宝島社）、共著に『トヨタ・レクサス惨敗』、『上海没落 北京勃興』、『ホスピタリティの正体』（以上ビジネス社）などがある。

伝えるしごと　タヒチアンノニを選んだ理由

2011年5月16日　第1刷発行

著　者　加藤　鉱
発行者　鈴木健太郎
発行所　株式会社ビジネス社
〒105-0014　東京都港区芝3-4-11（芝シティビル）
電話　03(5444)4761（代表）
http://www.business-sha.co.jp

カバーデザイン／大谷昌稔（パワーハウス）
本文デザインDTP／エムアンドケイ
カバー印刷・本文印刷・製本／日経印刷株式会社
〈編集担当〉唐津隆　〈営業担当〉江利口克彦

©Koh Katoh 2011 printed in Japan
乱丁、落丁本はお取りかえいたします。
ISBN978-4-8284-1628-1

ノンフィクション作家　**加藤鉱の仕事**

旧社名に未練なし
岡田卓也発ヤオハン復活プロジェクト
1575円

1400億円の負債を抱えて倒産したヤオハンをわずか4年半でスピード再建。
その復活を支えた男たちの苦闘を描いた感動のドキュメント

中国ホンダ経営会議
1575円

アコード旋風で3年で黒字、5年で日系企業収益力ナンバー１になった中国の広州ホンダに密着取材。その経営戦略と戦術を明かす

再生したる！
ドキュメント「マイカル復活」1500日
1785円

従業員数約4万６千人を抱えた巨大流通グループ・マイカルの負債総額は2兆円強。
倒産から再生にいたるまでの舞台裏を初めて伝える

トヨタ・レクサス惨敗
ホスピタリティとサービスを混同した重大な過ち
1575円

2005年、鳴り物入りで日本に逆上陸したトヨタ・レクサス。
マスコミは大成功を予測したが大惨敗。それはなぜかを解き明かす話題の書

ホスピタリティの正体
1575円

ホスピタリティの本来の意味は「敵の歓待」。そしてサービスとは
「奴隷的奉仕」のことを指す。これらを混同して使うサービス業を斬る

（すべてビジネス社刊、価格は税込）

ビジネス社の本

シャドウ・マーケット

富裕国と有力投資家は、
いかにして秘密裏に世界を支配しているのか

エリック・J・ウェイナー

はじめに
第1章　金は武器
第2章　4兆ドルをどう使うか
第3章　巨人の国
第4章　中国のごり押し
第5章　成功を約束された小国
第6章　ならず者産油国
第7章　慈善家にご用心
第8章　21世紀のヨーロッパを植民地化する
第9章　アメリカン・ドリーム、全品売り尽くしセール実施中！
エピローグ

ISBN978-4-8284-1632-8
定価：1,995円（税込）

ビジネス社の好評！　健康読本

超免疫力
医者がすすめるノニジュースで万病を治す
橋爪勝　モリンダシトリフォリア研究会　著

1365円

オピニオンリーダー大前研一氏が自身の痛風回復体験を語るほかノニ体験満載

超免疫力2
医者がすすめるノニジュースの秘密
橋爪勝　モリンダシトリフォリア研究会　著

1400円

大ロングセラー『超免疫力』の第2弾！　ノニ体験がさらにグレードアップ！

免疫学からみた幸福論
安保徹　著

1260円

免疫学からみた人間関係、健康な生き方などを安保先生がズバリ斬り込む！

イシハラ式無病・不老のすすめ
40歳から年をとらない生き方
石原結實　著

1260円

少食こそが長寿の秘訣！　プチ断食の石原先生が初めて自身の食生活を公開！

女は毎月生まれかわる
高岡英夫　三砂ちづる　著

1050円

生理不順、月経過多、月経困難に悩む女性に「月経血コントロール」を伝授！

（価格はすべて税込）